「競争の激しい市場」で成功を
収めるには「競争しない」事だ！
その秘訣はマーケティングの実践にある。

ライバルを作らない
独創経営

インテリア狭小市場で成功した
「私マーケティング史」

株式会社かもす　代表取締役
三島俊介　著

とりい書房

三島俊介　主な出版書籍一覧

	タイトル	出版社	出版年月
1	インテリアコーディネーター誕生物語	ハーベスト出版	2010年11月
2	インテリアコーディネーターになる!?	秀和システム	2009年 6月
3	なる本福祉住環境コーディネーター 改訂第4版	週刊住宅新聞社	2008年12月
4	Interior coordinator	ぶんか社	2007年 4月
5	これから有望インテリア・リフォーム住生活分野で就職転職に強い資格	ごま書房新社	2007年 3月
6	インテリアコーディネーターきらめくキャリア	こう書房	2007年 2月
7	住宅営業「攻め」のセールスマナーブック	ニューハウス出版	2006年 5月
8	住宅　新訂版	実務教育出版	2005年 9月
9	なる本カラーコーディネーター	週刊住宅新聞社	2005年 6月
10	住宅業界知りたいことがスグわかる!!	こう書房	2005年 2月
11	なる本福祉住環境コーディネーター 改訂第3版	週刊住宅新聞社	2004年10月
12	住宅	実務教育出版	2003年11月
13	「最前線」住宅業界・知りたいことがスグわかる!!	こう書房	2003年 8月
14	なる本インテリアコーディネーター	週刊住宅新聞社	2003年 3月
15	住宅　2004年度版	実務教育出版	2002年11月
16	かんぺきインテリアコーディネーター問題集	こう書房	2002年10月
17	かんぺきインテリアコーディネーター<基本書>	こう書房	2002年 9月
18	なる本建築士	週刊住宅新聞社	2002年 8月
19	なる本福祉住環境コーディネーター 改訂版	週刊住宅新聞社	2002年 3月
20	住宅　2003年度版	実務教育出版	2001年11月
21	なる本福祉住環境コーディネーター	週刊住宅新聞社	2001年 3月
22	住宅業界・知りたいことがスグわかる!! 改訂新版	こう書房	2000年12月
23	比較日本の会社　住宅　2002年度版	実務教育出版	2000年11月
24	「インテリアコーディネーター」になる本	すばる舎	2000年 9月
25	「インテリアコーディネーター」になろう!	PHP研究所	2000年 3月
26	全国安心工務店一覧　西日本版	産業能率大学	2000年 2月
27	インテリアプランナーになろう!	PHP研究所	1999年12月
28	住宅　2001年度版	実務教育出版	1999年11月
29	全国安心工務店一覧　東日本版	産業能率大学	1999年 6月
30	セールスレターで「住宅」が売れる本	産業能率大学	1999年 3月
31	住宅　2000年度版	実務教育出版	1998年12月
32	住宅業界・知りたいことがスグわかる!!	こう書房	1998年 7月
33	住宅　'99年度版	実務教育出版	1997年12月
34	インテリアコーディネーター試験絶対合格テキスト 販売編	中央経済社	1997年 6月
35	全国安心工務店一覧　はじめての家づくり	産業能率大学	1997年 6月
36	インテリア・住宅業界でいちばん役立つ「資格」の本	こう書房	1997年 4月
37	インテリアコーディネーターの仕事がよくわかる本	こう書房	1997年 2月
38	住宅　'98年度版	実務教育出版	1997年 1月
39	住宅産業のマーケティング戦略	産業能率大学	1996年11月
40	住宅・インテリアの建材・設備業界早わかりマップ	こう書房	1996年 7月
41	こうすればインテリアコーディネーターになれる	中央経済社	1996年 6月
42	住宅業界の新入社員マニュアル	中央経済社	1995年10月
43	住宅をアタマで売る本	産業能率大学	1995年10月
44	住宅産業とPL法	産業能率大学	1995年 9月
45	住宅業界早わかりマップ	こう書房	1995年 9月
46	インテリアコーディネーターになろう！	PHP研究所	1995年 5月
47	住宅産業のすべてが一目でわかる本	産業能率大学	1994年 9月
48	インテリアコーディネーター試験絶対合格テキスト基礎編	中央経済社	1994年 8月
49	インテリアコーディネーター試験絶対合格テキスト販売編	中央経済社	1994年 9月
50	インテリア・建築業界でゼッタイ有利な資格の本	こう書房	1993年 5月
51	なぜ貴女はインテリアコーディネーターになりたいのか	ｼﾞｪｲ・ｲﾝﾀｰﾅｼｮﾅﾙ	1993年 1月
52	インテリアコーディネーターの基本がすべてわかる本	こう書房	1991年 6月
53	こうすれば住宅は売れる	ｼﾞｪｲ・ｲﾝﾀｰﾅｼｮﾅﾙ	1991年 6月
54	知的女性はインテリアをめざす	麓書房	1984年 9月
55	積水ハウスのヒューマン営業	ダイヤモンド社	1984年 8月
56	主婦こそセールスの主役だ	ダイヤモンド社	1982年 9月

はじめに

私には独自のマーケティングを40年実践してきた自負があります。

若い頃から、読者カードなどを見て見込度を判断し、「この人は顧客になる」とピンときた人には、直接電話して感想を聞いていました。これは、私にとってはごく当たり前の行為でした。しかし、相手はまさか出版社の社長からダイレクトに電話がくるとは思いもよらないことだったに違いありません。マーケティングは、現場の生の声を聞くことがすべての経営戦略の基本であると考えていたので、私にとってはごく自然な常識的な行動でした。

当初は書籍の折込はがきから始まり各種反応物から入手した見込客に対して、何千人にも電話をかけて情報収集をくり返していました。もちろん直接受験講座への勧誘はしませんでしたが、意表を突く直接電話で見込客やスクール生から情報を集めました。これらはすべて経営のヒントとしてフィードバックしたものです。パソコンが導入されない時代だからこそ可能だったことですが。

先日も、故郷の著名なお茶問屋の経営者婦人からSNSに友達申請がありました。その問屋は最近ベトナムへ進出し、日本茶の店舗を出して話題になっていることを思い出し、私は自己紹介をしました。するとすぐに返事がきました。実は、私を23年前から知っているというのです。記憶にない方だったのでお聞きすると、当時住設メーカーの支店に勤めていて何となくインテリアコーディネーター試験を受けることになり、地元の書店で私の会社が出した問題集を買って勉強したそうです。そして問題集の中に挟んであるはがきを私の会社へ送ったとのこと。そのはがきを見た私は、故郷の町の住所を見てすぐその方に電話をしたようです。

「貴女の県はインテリアコーディネーターの受験者が少ないので、是非とも頑張ってほしい」と私は伝えていました。当人は、試験に失敗して以後はインテリアコーディネーターに関しては諦めたようですが、私の名前は記憶に刻まれ、20年以上が過ぎた今日、たまたまSNSで共通の知り合いがいて、私に友達申請をしたというわけでした。

ここでも私の直接マーケティングが彼女に強い刺激を与えて、23年経っても強い印象を残していたのです。

このようなエピソードは数限りなくありますが、私がマーケティングを普通の業務と考えて日常的に実践してきたことは、実は普通でないようです。

世間ではマーケティングは、専門家が勉強する学問であり、われわれ一般人はその方々の指導に従って経営判断をするものととらえられがちです。しかし、私に言わせれば、マーケティングは机上の学問ではなく、実践して初めて生きる「儲かりの技術」なのです。

私が実践してきたマーケティングは、研究者に言わせれば、原始的で荒っぽい理解に基づくものであったかもしれません。しかし、私は自分なりにマーケティングを咀嚼して実践の場に活かし、まがりなりにもインテリア試験の教育・出版業界ではナンバーワンの会社をここまで率いてきました。

私は「マーケティングを生きてきた」といえるのではないでしょうか。

私は本書で「私マーケティング」という言葉をさかんに使っていますが、これは、マーケティングを学問としてただ勉強するのではなく、マーケティングを日々のビジネスで実践すること、「マーケティングを生きる」という意味なのです。

本書では「インテリア市場」という極めて狭小市場で独自のオンリーワン事業を展開して、長く黒字経営を続けてきたかを詳細に報告しました。

ぜひ読者諸兄は、どんなに狭いマーケットでも工夫とマーケティングを重ねれば勝ち残れる、という事例としてご参考にしていただければ、著者には望外の喜びです。

三島俊介

「ライバルを作らない独創経営」——目次

インテリア事業事始め

第2章 私マーケティング実践編

――インテリア試験講座を業界トップに導く

私はこうしてナンバーワン受験講座を育て上げた

INDEX

インテリアコーディネーター資格試験について

第3章 私マーケティング深化編
——私マーケティング流生き方を伝える

業界に残した足跡

第1章

私マーケティング導入編
——インテリア事業に参入する

序にかえて

インテリアとの出会い
——セミナーの開催をきっかけに

1981（昭和56）年のある日、私は一本の国際電話を受けた。

相手はロサンゼルス在住の山本儀子さんという同業者で、「住宅会社向けのインテリアセミナーを開催してほしい」という。

1976（昭和51）年に独立起業した私は当時、住宅会社向けの出版、研修、マーケティング調査活動に従事していた。山本氏は、日本の住宅会社向けに海外情報を提供し、コンサルティングを行っていたが、話によると、アメリカを代表するインテリアデザイナーであるキャロル・アイケン女史を日本に呼び、住宅のインテリアについての研修を企画したが、受け入れ側の住宅展示場企画会社が、『日本ではインテリアの機が熟していないこと』『開催してもあまりメリットがないこと』などを理由に、急に降りたいと言ってきた。いまさら中止するわけにもいかず、なんとか協力してくれないか」とのこと。

当時の住宅業界の状況からみて、降板した企画会社の意図もよくわかり、お断りすることもできたのだが、日本の住宅産業をレベルアップしたいという山本さんの情熱に共鳴するところがあり、研修の事務局を引き受けた。

こうして開催した『モデルホーム・マーチャンダイジングセミナー』は、予想通り事業的には成功とはいえなかったが、日本の住宅・インテリア産業の発展に一石を投じたという点で意義深いものがあった。「モデルホーム」「モデルハウス」にインテリアを取り入れることで、ユーザーの購買意欲を刺激するという手法は、当時の業界にインパクトを与えたはずである。

一方私は、数は少ないものの、セミナーに個人資格で参加していた女性たちの存在に興味をひかれた。これまで住宅業界に対するセミナーを数多く開催してきたが、このようなケースは珍しかったので、参加者にいろいろと話を聞いてみると、全員が住宅業界、なかでもハウスメーカーでインテリア関係の仕事をしている人たちだった。肩書きこそ、インテリアデザイナー、建築家などとまちまちだったが、いずれも現在のインテリアコーディネーターのさきがけとよべる人材であった。

これが私をインテリア産業に導いたきっかけだった。

インテリア業界に惹かれて
――「女性の仕事」に将来性を見出す

セミナーの開催をきっかけにインテリアに興味を持ち始めた私だが、当時、それが事業に結びつくとは考えていなかった。なぜならそのころ、私のホームグラウンドである住宅業界では、「インテリア」という概念はまだほとんどないに等しかったからである。

インテリア産業協会の前身である社団法人インテリア産業協議会が設立されたのは１９７８（昭和53）年のこと。ようやくそのころ、インテリアが「産業」として議論されはじめたのであり、インテリアコーディネーター資格試験の開始は８４（昭和59）年だった。住宅会社の中で最も早期にインテリアコーディネーターを起用した三井ホームでさえ、第一期生が活動を始めたのは１９８０（昭和55）年である。

ただ私はそのとき、インテリアという仕事に将来性を感じていた。理由のひとつは、先ほども触れたように、セミナー参加者に女性が多かったことだ。いまとなっては、「男性の仕事」「女性の仕事」を意識的に区別するのは避けるべきかもしれないが、当時はその区別が判然としてあった。例えば、「看護師」「客室乗務員」「保育士」は、「看護婦」「スチュワーデス」「保母」というそのころの呼称からも知れるように、明らかに「女性の仕事」だった。少なくとも「女性に適した仕事」とみなされていた。

インテリアという概念はようやく芽生えたばかりだったが、女性の社会進出という気運は当時盛り上がりを見せていた。男性の仕事と見なされていた分野への女性の進出が盛んだった。

そこに私は着目した。

建築業界は代表的な男の領域だった。女性の参入が目立つ現在でも、住宅会社の営業マン、設計者、施工の職人は男が中心である。

そんな男世界に風穴を開けるのが「インテリア」ではないか……。

私は、住宅業界で出版やマーケティング調査に従事し、常日頃考えていたことがある。

確かに住宅の施主はほとんど男性であり、それに対応する営業社員も男性であるのは不思議ではない。

しかし家づくりに「興味を持っている」のは、圧倒的に女性なのである。

実際、住宅業界では「契約までは旦那さん、その後の打ち合わせは奥さんが主導権」というのが当時でも当たり前だった。

特に室内をどう構成するかを決定づけるのは女性の領分だった。

「男性は外で仕事、女性は家で家事」と当時は当たり前のように言われ、私も「家を仕切る女性が家造りの主役にならなくてどうする」と何かの機会に盛んに発言してきたものである。

インテリアは、男性中心の建築業界の中で、女性がプロフェッショナルとして活躍できる分野であること、セミナーに集ったその先駆者たちの好奇心にあふれ生き生きとしたまなざし、そして住宅業界にとっても投資の価値のある事業であることなどが、私の関心を強く引いた。

「私マーケティング」事始め

提案する側からマーケティングを「生きる」側へ

ここで自身の職歴に簡単に触れておく。私の仕事に対する考え方は、独立する以前に勤めていた会社で形成され、インテリア事業に関わるようになったのもそれと無関係ではないからだ。

立命館大学経営学部を卒業した私は信用金庫に就職したが、宮勤めのような堅苦しい仕事に嫌気がさし、1年後に辞めてしまった。

すでにこのころ、どうせなら自分の力で会社を興し世の中に打って出たいという野心が芽生えていたのかもしれない。

次に私が選んだのは、株式会社日本マーケティングエージェンシーという、マーケティング調査会社である。

マーケティング調査はいまでこそ、企業の立ち上げ、新店舗の出店、新事業の企画等に際して当たり前の手続きとなっているが、当時はまだその考え方がアメリカから輸入されたばかりで必要性が認識されていなかった。

同社の共同代表であり、私が社会に出て初めて出会い、生涯の師となった秋枝告建、檜山純一、小嶋庸靖の３氏は、日本におけるマーケティング調査の草分け的存在であった。

マーケティング調査とは、市場調査や競合他社調査、テストマーケティングなどを含むが、要するにある事業や商品を市場に打ち出すにあたって、どうしたら成功するか、どうしたら儲かるかを判断するための基礎データを提供する仕事である。日本マーケティングエージェンシーでは、データの提供のみならず、それをもとにして、事業の内容や商品の仕様、販売エリア、出荷量、販売ルート、販促や営業の手法までを提案していた。つまり、企業のために儲かりのノウハウを立案するブレーンとなっていたわけだ。

銀行の決まりきった仕事とは違い、新しい職場は楽しかった。なにより、会社や事業を成功に導くための方法を（給料をもらいながら）実地で学べることが幸せだった。それは、大学4年間で学んだ経営学などより、よほど役に立つ学問であり、「体得」という言葉がぴったりの知識だった。

マーケティング調査の仕事は独立後も会社の軸となったが、それ以上に、会社を運営するためのノウハウを身につけたことが大きかった。他社のために考えていた儲かりの手段を自分の事業に応用できたのである。

初期の活動とインテリアへの参入に、マーケティングがどう活かされたのか、項目を挙げて説明してみたい。

1．マーケティングは弱者の味方
——凡人の自覚からすべてが始まった

マーケティングとは、下世話に言えば、儲かりの手段を教える学問である。

強者にはマーケティングは必要ない。天才的なピアニストは、コンテストに出場すれば、世間がその才能を認めてくれる。

しかし、われわれ凡人にはマーケティングが必要だ。世間並みのアイデアや技能しか持ち合わせていないわれわれは、マーケティング（儲かりの手段）を駆使して成功の道を探るのである。

一代で財を成した昔の実業家は、「マーケティング」という言葉こそ使っていないが、彼らがやってきたことはマーケティングそのものである。彼らはある意味、天才的な努力家であり、リーダーとしての天賦の才に恵まれていたといえる。しかし、けっして大発明家でもなければ、飛び抜けたタレントでもない。

彼らは他の成功者の方法を研究したり、戦国時代の英雄や中国の軍略家の教えをビジネスで活かして成功したのである。あるときは戦いを避ける方法さえも教える『孫子』の兵法などは、マーケティングの原典といえるかもしれない。

そんな先人の教えを、ビジネス社会に生きるわれわれにもわかりやすい言葉と豊富なデータで解説してくれるのが現代のマーケティングなのである。

つまりマーケティングはわれわれ同様という弱者のためにあるのだ。

私は会社を始めた当初から「凡人」であることを自覚していたし、いまでもそれは変わらない。

だからこそ弱者の味方であるマーケティングに頼り、マーケティングを生きてきたのである。


話は少しそれるが、私がプロデュースし、よく売れた本に『凡人トップセールス』というのがある。これは住宅メーカーのトップ営業マンからコンサルタントに転身した人物が、その営業姿勢やテクニックを披露したものだが、このタイトルを考えたのは私である。そして、「凡人トップセールス」は、これまで何本となく名付けてきた本のタイトルの中でも、3本の指に入る傑作だと密かに自負している。

この元営業マンは、容姿が人並み優れていたわけではなく、流れるような話術を駆使するわけでもなく、教える営業テクニックも驚くような内容ではない。基本に忠実にお客様を喜ばせ、誰もが「なるほど」と納得するトークで契約を積み重ねたのである。

そんな彼のやり方に、私は共感するところがあった。

「凡人トップセールス」は、この著者に、私の生き方を映したタイトルだったのかもしれない。

2. 強者と競争しない(ニッチ戦略) ――凡人の基本スタンス

凡人であるという自覚があったから、私は優れた人材がうようよいるビジネス社会で激しい競争に巻きこまれることを避けてきた。

小企業が激しい競争社会を勝ち抜いていくためには、基本的には「強者と競争しない」「ライバルを作らない」というスタンスが必要である。一人で会社をスタートした私は、ビジネスにおいてこの基本線を貫いてきた。

マーケティング的に言えば、それは「ニッチ戦略」である。

いまでこそ「ニッチ戦略」という用語は定着しているが、実は、大企業も創業者が事業を始めた当初は、ほとんどみながこの戦略でのしあがってきた。それを意識的にやるかどうかの違いが「ニッチ戦略」である。

特に、われわれのように絶対的な発明品やイノベーションを持たない者は、さほど目新しくないものでも、それを必要とする人々に提供する道を探らなければならないのである。

独立後私は、住宅会社を相手に販促マニュアルの出版販売、営業マンの教育セミナーの開催などをまず手がけた。

住宅会社を選んだのは、調査会社時代につきあいがあったこともあるが、この業界が新興勢力だったことも大きい。

日本の住宅会社は、「家を建ててくれる会社」には違いないが、根本は「家を商品のように販売する会社」である。

人類が誕生してまもなく、家を建てる職業は現れたのかもしれない。しかし、住宅を販売する会社、それも全国規模で販売する大会社は現代になるまで登場しなかった。しかもそれは日本だけの特異な現象なのである。人々が住む家は、近所の小規模な建築業者、要するに工務店とか大工と呼ばれる人々が建てるのが常識で、世界ではいまでもそれがあたりまえである。

住宅を商品のように売りはじめたのはプレハブ住宅会社である。プレハブ住宅第1号は、１９５９（昭和34）年に大和ハウス工業が発表し、ヒットした軽量鉄骨造のプレハブ勉強部屋「ミゼットハウス」である。翌年には積水ハウスが鉄骨造の住宅を売り始めたが、いわゆるハウスメーカーと呼ばれる大手住宅会社が登場したのはようやくこの時代だったのである。

住宅という前例のない「商品」を売り始めたプレハブ住宅会社は、試行錯誤して販売方法を探っていった。

私が独立した70年代後半、誕生して15年のハウスメーカーは勢いを増してはいたものの、ようやく会社の体制を整えつつある段階で、商品開発、販促方法、人材教育など模索を続けていた。

一方で、ハウスメーカーの勢いに押された地方に古くから根づいている住宅会社、工務店は、生き残りのための方策を必要としていた。

このような新興勢力と流動的な市場とにつながりを持ったのは私の幸運だった。住宅会社のための販促マニュアル、営業マン教育マニュアル、販促ノウハウ、営業ノウハウの研修会などに人が集まった。

インテリア業界も同様である。というより、インテリアは住宅業界よりなお後発で、駆け出しもいいところだった。

まさに私の「競争しない戦略」にうってつけのフィールドだったのである。

3. ソフトを売る ——「虚業」と言われても…

形のある商品「ハード」に対して、形のない情報などを「ソフト」と言うが、当時は「ソフト」という言葉そのものがあまり流布していなかった。代わりの言葉を探すとすれば「サービス」かもしれない。経済学で「サービス」は「物質的財貨を生産する労働以外の労働」つまり「第三次産業でのサービス」を言い、例えば店舗での販売や輸送トラックの運転がそれにあたる。しかし、いまでも日本では「出血大サービス」などと言うように、この言葉は、無料の奉仕、販売側が損をするおまけのような意味で使われている。ハンバーガーショップの「スマイル無料」はまさに日本でいう「サービス」だが、これとて、人件費に含まれる労働の一部として商品の代価に反映されているとみなければならない。

私が世に出たころ「ソフト」つまり情報や知識は、「サービス」の中でも最もお金を払うに値しないしろものであった。仕事のやり方は会社でタダで教えてくれるし、商売のノウハウは本屋でせいぜい数百円払って仕入れることができる。

しかし企業のマーケティング調査では、最低でも百万単位の費用がかかる。企業ロゴの刷新などで知られるＣＩ（コーポレート・アイデンティティ）ともなると、億単位の仕事である。

そんなことは常識外れだったのである。

独立後最初の社員となり私の片腕として会社を支えてくれた木村泰久が、ある大企業の市場調査を受注し、その仕事は10年以上会社の軸となったが、この会社はマーケティング調査に出費するような体質ではなかった。しかし、理解ある一人の営業所の所長が自分のエリアで調査を依頼し、その後各地の営業所に仕事が広がったのである。

業界の人にそんな話をしても誰も信用しなかっただろう。それほど当時、ソフトの値段は安かったのである。

インテリア事業においても、私はソフトを売ることに徹した。

軸となったのは研修事業と出版事業である。研修は人を手配し、形のないものを売る仕事だ。出版は「本」という商品があるが、本質は本に書かれている中身、つまりソフトを売る仕事である。いま出版業界は、電子化の波に押されて苦境に立たされているが、出版事業の本質は形のないものを売る仕事なのだから、いたしかたがないこととも言えよう。

4．売価は市場が決める
――非常識な売価もマーケティングでは常識

その昔、商品の売価は、原価や仕入れ価格に儲けを上乗せした額と単純に考えられていた。

しかし、マーケティングの専門家はそう考えない。

早い話、「薬九層倍（くすりくそうばい）」と昔から言われ、薬は原価の何倍、何十倍で売られているというように、薬品や化粧品は原価は微々たるものだが、売価は何倍、何十倍、時には何百倍にも設定される。それは、値段が高くても必要な人には売れるからだが、化粧品などは、ある程度高くしないと「効き目がないのでは」と疑われてかえって売れないのである。

原価＋利益＝売価というこれまでの商売の常識がなりたたないのがマーケティングの世界だが、「薬九層倍」の例えもあるように、昔から市場はその原則で動いていたのであり、そこに気づいて学術的に定着させたのがマーケティングだと言えよう。

後ほど紹介するが、私は住宅会社の販促マニュアルや営業マンの教育マニュアル等を2万、3万円という値段を付けて企業に直売した。書店では手に入らず、会社に1冊あれば足りる本だから、そんな値段でも売れるのである。原価から計算すれば1000円でも高いような本だが、企業の責任者としては、3万円で売れる本を1000円で売っていては、会社を維持することができないのである。

5. 成功者に学べ①
——読書のススメと二番手戦略

私自身の会社経営も、私が出版物を通して住宅会社に勧めた経営戦略も、基本には「成功者の真似をせよ」というスタンスを守っている。

私の起業の出発点には「凡人の自覚」があったと述べた。

世間で成功している起業家は、天才的なイノベーション型の人物がある一方で、こつこつと実績を積み上げる努力型、つまり凡人タイプの人物があり、日本にはこのタイプが多いようだ。

凡人がビジネス社会でのし上がるには成功者のマネをするのが一番だ。成功者の多くがやはり成功者のマネをして一流になった。

成功者がどうして成功したかは、多くの出版物が語っている。だから成功者は本を読む。創業社長の本棚はビジネス書で埋まっている。

私も本は人に負けないくらい読んだ。そして、その本から使えることをビジネスに活かした。

先駆者に学び、または真似をして会社を大きくし、ついには先駆者に並び、追い越してしまう企業戦略を「二番手戦略」などと呼ぶことがある。

日本の大企業には二番手戦略でのしあがったところが多い。世間を驚かすイノベーションはないが、他のメーカーが先駆けた製品を後追いし、強力な販売網や販促戦略を駆使しして、先発メーカーをしのぐ売上をあげる。目を海外に転じると、現在グローバルに展開している世界企業にも二番手戦略で成功している会社が多く見られる。

この考え方は、私自身も実践し、出版物を通じて多くの中小企業に勧めてきた。

6. 成功者に学べ②
——これが成功する「非常識本」だ

私が住宅会社向けに出版した本は、基本的には「ものまね本」である。

住宅会社向けの出版物は大きく分けて次の3種があった。

・住宅産業生き残り教書シリーズ

このシリーズは、会社または営業所に1冊備えてもらう目的で作ったマニュアル本である。先ほど触れた1冊2万、3万円という「非常識本」だ。

例えば次のようなタイトルがあった。

「住宅展示場運営成功戦略マニュアル」

「住宅販売強化のためのＤＭ・あいさつ状・友の会営業書式販促マニュアル」
「成功する『建築現場見学会』運営計画実戦マニュアル」
「モデルハウス商品企画戦略マニュアル」
「マンションマーケティング戦略マニュアル」
「住宅販売強化のための電話セールス戦術マニュアル」
「注文・建売住宅　チラシ広告作成マニュアル」
等々

これらの本は、私がコンサルタントや編集者に依頼して執筆・編集してもらったものだが、「成功している会社に学べ」というスタンスで一貫している。

この中で最も成功を収めたのは「注文・建売住宅　チラシ広告作成マニュアル」である。Ａ４判、１３０ページ、２５０００円の本だった。

内容は、実際に配られたチラシや広告を整理、編集して専門家のコメントを添えたものである。チラシ等の収集に当たっては、モニターを募って全国から膨大な量を集めた。

要するに、住宅会社の販促担当者がチラシを作るにあたって、参考にする（ものまねする）材料を提供したのである。

この本がなんと6版を重ねた。

本書を販促担当者に薦めると、「チラシを集めるだけなら自社でもできる」という反応がよく返ってきた。それでは、自社で同じ作業をやったら25000円ですむかという問題である。

そういうことがよくわかっている経営者や担当者は、本書の価値を認めてお買い求めいただいたのである。

この本は、相手企業のマーケティング感覚を試すものでもあったのだ。

・住宅産業研修読本シリーズ

研修読本シリーズは、前掲のマニュアル本を、社内研修用にブレイクダウンしたもので、1冊3800円で販売した。

しかし、このシリーズもマニュアル本同様、あるいはそれ以上に「非常識本」

であった。

というのは、本書は1冊３８００円ではあるが、３冊以上のセットでないと販売しなかったのである。それも別のタイトル３冊ではなく、同じタイトルを３冊以上である。

「経営者と営業責任者が各1冊、そして会社の書棚に1冊備えておいてください。できれば、研修本なので社員の人数分購入していただきたい」というようなセールスを展開した覚えがある。

ＤＭなどで本書に関心を持ち、問い合わせの電話をかけてきた人の多くがその「3冊以上」のところで躊躇する。しかし、本書の必要性を強く感じている人ほど、しぶしぶながらも購入条件を呑んだ。

このシリーズには次のようなタイトルがあった。

「新入社員研修読本」

「セールスレター研修読本」

「住宅販促・イベント企画実戦読本」

「住宅セールス『接客』『応酬』実戦入門」

「住宅セールス『初対面』攻略法入門」

「住宅・不動産営業マンセールス行動『礼儀』『作法』入門」

「女子社員研修読本」

「住宅産業女性セールス入門」


ベストセラーは「セールスレター研修読本」だった。

これも「注文・建売住宅　チラシ広告作成マニュアル」同様、セールスレターの実物を収集し、編集担当者が整理、リライトした上で掲載したものである。

住宅営業では、電話とともにレター（現在ではメール）が重要な販促手段となっているが、その文案をゼロから考えるのは時間ばかりかかって、ムダである。

現場見学会への誘いなど、ある程度決まった文例があるので、それを本書から借用して、書き直してもらえばいい。

しかも、書店に並んでいる一般的な文例集とは違い、住宅会社向けに絞っているので、住宅営業マンにとってこんなに使い勝手のいい本はない。

「ライバルを作らない」戦略の勝利であった。

・住宅産業サクセス読本シリーズ

住宅会社向けの出版にはもうひとつ、「住宅産業サクセス読本シリーズ」があった。これは成長企業のドキュメント本で、やはり４０００円程度の３冊セットだったが、この本には、相手企業の販売促進を直接応援するという別の狙いがあったので、後の項目で説明する。

7. リスト・イズ・ベスト
――SNS時代には常識となったが…

「リスト・イズ・ベスト」は、私が独立後に出会い、第２の恩師となった社会教育家・田中真澄氏の言葉である。田中氏は80歳を越えたいまでも現役バリバリで、数え切れないほどの社会人のための教育書を世に送り、日々講演会で全国各地を飛び回っている。

リストの重要性が多くの人に認識されるようになったのは近年である。リスト商売、リストの売買、リストの流出などがニュースで取り上げられるようになった。SNSは誰でも無料で参加できるが、これも基本はリスト商売である。

日本のビジネスマンは昔から名刺を大切にした。これは「リスト」の先駆けであろう。しかしそれを「リスト」と意識して活用するかしないかが、真のビジネスマンとなるか、ただのサラリーマンとなるかの分かれ目である。多くのサラリーマンは名刺を集めるだけで満足していたように思う。

マーケティング会社に勤めていたころからリストの重要性を知っていた私だが、田中氏の力強い言葉に事業を推進する力をいただいたものである。

独立直後の私は主に企業相手のビジネスをしていたが、インテリア業界に関わるようになって、個人相手のビジネスに参入した。そこでまがりなりにも成功したのは、「リスト・イズ・ベスト」を実行したからである。

そのリスト収集のさまざまな方法は第2章で一部を紹介するが、当時の従業員やアルバイトには、「なんでこんなことをするのか?」と疑問に思われていたに違いない。そのとき私のノウハウに気づき、盗んでくれた者がいたら、その後偉大な経営者が生まれていたかもしれない。

いずれにしても、「リスト?」と首を傾げられる時代に、リストの重要性を訴えていた田中氏の先見の明は敬服の至りである。

8. 販売促進(セールスプロモーション)の手法

私がマーケティング会社に勤めていたころ、「販売促進」「販促」「プロモーション」「セールスプロモーション」という言葉はまだそう誰もが口にしてはいなかった。

セールスプロモーションと言えば、「広告」「飛び込み営業」くらいしか頭になかったのではないだろうか。

「ＤＭ（ダイレクトメール）」は現在ではあたりまえの販促手段となっている。というより、むしろ、うるさいほどＤＭが来た時代はすでに過去のものとなり、いまや電子メールやＳＮＳに企業広告が大量に届く時代となった。しかし、私が事業を始めたころＤＭはまだ一般的な販促手段ではなかったように思う。

ＤＭは先に挙げた「リスト・イズ・ベスト」を前提とした販促手段である。「ＤＭ」に「電話セールス」「訪問営業」が加われば、その会社の業績上昇は確実である。

住宅会社を相手にしていたとき、私はこの営業方法で本を売ったり、調査を受注したりしていた。個人相手のインテリア事業では、さすがに戸別の「訪問営業」は不可能だったが、ＤＭ、電話セールスは積極的に行った。

これらはすべてリストがベースになっている販促手法であり、ここでもリストの重要性が再認識されるのである。

9．WIN-WIN経営①
――ギブアンドテイクの精神で

ビジネスで成功を収めるには人脈づくりが不可欠である。それも「鉱脈」となるような有益な人脈を作らなければならない。

こういうことは昔から言われていた。

その後、人脈づくりも、ただ名刺を集めて相手と連絡を取り合っていればよいというものではなく、ビジネスの世界では「ギブ・アンド・テイク」が必要だと言われるようになった。それが現代では「WIN－WIN（双方が栄える関係）のパートナーシップ」などとかっこうをつけて語られる。

こういうことはビジネスでは常識であり、私も実践してきたつもりだ。

日本には古くから「情けは人のためならず」ということわざがある。人にかけた情け（恩情や親切）は、必ず自身に返ってくるという、まさに「ギブ・アンド・テイク」の教えである。また、人から恩義を受けたら、一生かけても必ず返さなければならないという「義理」も日本社会の常識であった。

そういう意味でビジネスの世界は、昔の東映映画のような「義理人情」がいまでも生きている世界である。少なくとも、私の考えるビジネスルールはそういうものだ。「あなたは古くさい人間であり、ビジネスは勝つか負けるかの世界だ」と言われればそれまでだが、これまで紹介したように、私は「勝つか負けるかの世界」を極力避けてきた。その根底には、同じビジネスに生きる仲間が、皆で「WIN」を分かち合いたいという心持ちがある。

皆に「WIN」を行き渡らせる基本が「義理人情」である。言葉づかいに抵抗があるなら、「ギブ・アンド・テイク」と言い換えてもよい。

しかし、世の中そうそう「義理人情」に厚い人ばかりではない。

過去、私を利用するために近づいてきた人が数限りなくある。この人たちは、私からおいしいところをいただくと、さっさと離れていって自分の商売に使った。そしてその後は、いかにも私がゼロから作り上げましたというような顔をして、平然としている。

そういう人々に腹立たしい思いをしつつも、私は無視して自分の仕事を進めてきた。そんな人々を相手にしているヒマはなかったのだ。

ただし、明白なルール違反には厳格に対処させていただいた。受験講座のノウハウが詰まったインテリア試験対策テキストをそのまま使って自身の講座を開講していた不届き者がいたが、このときは弁護士を立てて、それなりの対応をさせてもらったものである。

10．WIN-WIN経営②——販促を後押しする本作り

先ほど解説を後回しにした住宅会社向け出版の「サクセス読本シリーズ」について説明しよう。

・住宅産業サクセス読本シリーズ

これは成長企業のドキュメント本である。特に、当時各地で勢いを伸ばしていたリフォームの中小企業のサクセス本が主だった。

このシリーズは、対象企業に一定ロットを買い上げてもらう条件で制作したので、当方にとってもリスクの少ない出版であった。いわば、現在大手出版社をはじめとして盛んになっている自費出版の形態に近いが、一般の自費出版では、本が完成した時点で出版社は元を取って利益を出しているので、その後の販売促進にはあまり関心がないのが普通である。だから出版費用は非常に高い。

私は現在、㈱かもすという会社を経営し、自費出版も請け負っているが、大手出版社の場合、完成原稿で持ち込んでも莫大な費用を取られる。ネットなどでPRしている中小の自費出版専門業者は一見安そうに見えるが、完全原稿での入稿でなく、取材や編集、校正作業を依頼すると、結局、やはり大手同様の高コストになってしまう。

当時私が請け負っていたサクセス読本の場合、本の発行時点では当方も制作費を回収できておらず、なんとか本を売り切り、増刷、再増刷を重ねなければ、当方の利益につながらない。そのため、私も広告・販促に熱を入れたし、また、先方にも、販促材料として本を使ってもらうよう、さまざまな提案をした。つまり、私マーケティングを先方にも勧めたのである。

その結果、本を出した企業は売上を伸ばし、当方は本の増刷により利益を出し、ここに私マーケティング流のＷＩＮ－ＷＩＮ関係が成立した。

その後私は、インテリアコーディネーターにも自分の本を出すように勧めてきたが、これも自身の仕事に役立ててもらう目的だった。

出版のコストは半端ではないが、私の提案にピンときたやり手のＩＣは自身の本を作り、いずれもその後の事業で成功をおさめている。

「作り逃げ」のような、出版業界の自費出版事業とは、私の考え方は一線を画していたのである。

11. 顧客志向
——住宅業界は女性の力を求めていた

これもいまさらながらの話で、現在日本は「おもてなし大国」だなどと胸を張っているが、1980年代は、ようやくそんなことが叫ばれるようになった時代だった。マーケティングでいう「顧客志向」は、顧客の言うことをなんでも聞き入れて従えという意味ではなく、顧客が真に必要としているものを探り出し、一歩先を提案せよという意味である。

プレハブ住宅は消費者のニーズを先取りした商品であった。「プレハブ」というと、工事現場に建っている仮設事務所を想起するが、プレハブ住宅会社が販売している住宅は、地域の工務店の住宅よりかなり高い。つまり大量生産のイメージが強い「プレハブ」だが、安いから売れていたわけではないのだ。プレハブが躍進したのは、各企業の営業努力によるところも大きいが、その商品（住宅）の品質やデザイン性が、消費者のニーズにマッチしていたからである。住宅会社側からしてみれば、新しいメーカーなんだから最新の設備を取り入れ、デザインもかっこよくしよう――程度の考えしかなかったのかもしれない。また、総合住宅展示場という、世界に類を見ない独特の販促方法も、暗中模索した後に落ち着いた結論だったかもしれない。しかしそれが時代に受け入れられたのである。

しかしそんな住宅メーカーも、まだ遅れている分野があった。それは女性へのアプローチである。

先にも述べたように、住宅は男性が住宅ローンを組んで買う物であり、住宅建築の主導権は男性にあるという考えが、当時は支配的だった。しかし、家造りに熱心なのは当時から女性であった。しかし、相変わらず打ち合わせには男性営業マンが対応していた。

このことに気づいていちはやく行動に移したのは三井ホームなど、インテリアを販促の前面に打ち出した企業である。

顧客の真のニーズを拾うことがマーケティングの基本であり、住宅メーカーも紆余曲折しながらも、それを実行してきたからこそ、世界に類をみない住宅市場を作り上げることに成功したのである。

12. ファン作りは財産作り
――HOCと『安心工務店』

HOC《ホック》は「ハウジング・オーナーズ・クラブ」の略。私がコンサルタントの立場で、全国の有力工務店のオーナーをゆるく組織したクラブである。

また『安心工務店』は、全国の「安心して注文できる」中小工務店を厳選して作ったPR本の先駆けである。リクルートなどが発行していた住宅会社の情報雑誌の方法を、いちはやく導入したもので、最盛期は関東編、関西編、中部編など各地域ごとに出版、直販の取引書店に流していた。

住宅業界向けの事業の詳細については、私は本書の姉妹編を計画しているのでそちらにゆずるとして、これらの事業で私が意識したのは「ファン作り」である。

マーケティング的に言えば、「ロイヤルティの高い顧客作り」である、このような顧客を組織すれば、業界のトップに立つことができる。

ＨＯＣと『安心工務店』は、コンテンツさえ充実させれば、発展間違いないビジネスだった。

実際、私のやり方を踏襲して、その後住宅業界のコンサルティング分野でのしあがった人物がいる。また、協力企業から多額の費用をつのってビジュアル雑誌を作り、協力しない企業は容赦なくその誌面で叩くというやり方で悪名をはせた人物もいる。

私も、十分な時間と人材があれば、ＨＯＣと『安心工務店』をもっと発展させることができたと思う。

しかし、そのころインテリアコーディネーター資格試験の研修、出版事業が急上昇中の時期でもあり、私自身も住宅会社向け事業に身が入らず、人材をその方面に振り向けることもできないまま、それらは尻すぼみになってしまった。

やり方は間違っていなかったが、全力投球できなかった残念な事業であった。

しかし、こうした「ファン作り」の手法は、インテリア事業で生かされ、貴重な財産作りにつながっている。

そのことについては2章以降で触れよう。

13. 無借金経営
――借りない貸さないという哲学

この項目の最後に、マーケティングとはあまり関係なく、むしろ逆行する行為かもしれないが、私自身の信念として貫いてきた経営哲学について述べておきたい。

私は会社の責任者であった間、無借金経営を続けた。お金を借りないかわりに、人にお金を貸すこともなかった。

お金の貸し借りは人間関係を壊すという、基本的な考え方が私にはあった。だから他人からお金を借りないかわりに貸すこともしなかった。

また、成功するかどうかだれも予想できない事業に博打のような投資はできないという、経営者として理念もあった。

投資は勝負であり、競争である。「競争をしない、敵をつくらない」というコンセプトがここにも通じているのである。

さらに、私が一般的な意味での「原価」がかからないソフトを主に扱ってきたことも、この考え方をつらぬくのに役立った。

周囲から見ると、思いきった販売手法で売上を伸ばしてきたように見えるかもしれないが、実は石橋を叩いて渡る経営が私の基本方針だったのである。

それでも、多くの人がさまざまな「儲け話」を持ちかけてきて、人のいい私はおつきあいをしなければならないことも多かった。

その場合は、このお金は返ってこないものと腹をくくって投資した。

そのため、まるまる損をしても私自身はあまり気にしなかった。しかし、借金をした方はやはり負い目になり、その後、私と距離を置くようになる。

私の経営哲学になじめない人物は自然と離れ、同じ考えを持った人々が残る。

私がこの経営方針を貫いた結果得た最も大きな財産はそれではなかろうかと思う。

インテリア事業事始め

戦後のインテリア事情①
――駐留軍と女性インテリアデザイナー

モデルハウスセミナーの開催をきっかけに、私はインテリア関連の事業に邁進していくことになる。

いまでこそインテリアコーディネーターは女性の仕事と言われているが、終戦直後の日本では、インテリアに携わる女性はほぼ皆無だった。「一般住宅のインテリア」という概念自体が、一部の上流層を除いてなかった時代であるから無理もない。

そんな日本に住宅のインテリアと女性インテリアデザイナーを持ち込んだのは駐留軍、つまりアメリカ軍だったようだ。

アメリカ軍の施設や、高級軍人の住居に関して、インテリアデコレーションの需要が生じたことから、それに応えるインテリアデザイン事務所が日本で設立されたのである。

アメリカ人向けのインテリアデザイン事務所として、そのころ有名だったのが、パシフィックハウス・ジャパンとワーダー・スタジオの2社だった。

女性として初めて三井グループの㈱三井ホームインテリアで取締役に就任し、日本のインテリア事業を牽引してきた村上英子さんは、１９５９（昭和34）年にパシフィックハウス・ジャパンに入社した。

私が出版をお手伝いした村上さんの著書によると、パシフィックハウス・ジャパンは㈱三井物産の子会社で、軍を退職したアメリカ人デザイナーのもとで日本人の建築士やデザイナーが働いていた。仕事は全国の米軍基地、占領下の沖縄の嘉手納基地などで、その後日本に進出してきたアメリカの航空会社や弁護士事務所などを請け負い、さらに東京オリンピックの来日客をターゲットとして62（昭和37）年に開業したホテルオークラの客室やスカイラウンジなどのインテリアデザインを受注した。

一方ミルドレッド・ワーダー・スタジオは、アメリカ軍属の女性デザイナー、ミルドレッド・ワーダーが立ち上げた会社で、こちらは日本に来た軍人の住居などを中心にインテリアデザインをこなしていたという。

ワーダー・スタジオの例でも知れるように、そのころすでにアメリカのインテリア業界では女性が力を持っていた。

村上さんが所属していたパシフィックハウスでも、建築系の設計は男性の設計士が受け持っていたが、ファブリックスを主としたインテリアデザインは、荒木光子というデザイナーが腕を振るっていた。彼女はパシフィックハウスの設立を三井グループに持ちかけた実力者で、同社のオリジナルのテキスタイルをすべてデザインし、ホテルオークラの仕事も、客室のデザイン全体、壁、天井、カーテン、椅子の張り地などファブリックスいっさいを取り仕切った。

村上さんの著書他の情報によると、荒木光子という女性は、戦後三菱商事の社長を務めた荘清彦の妹で、大正から昭和にかけて欧米に留学し、戦前戦中は欧米との外交、社交界で活躍。戦後は、テキスタイルのデザインを主にインテリアデザインに携わりながら、ＧＨＱの情報収集などの仕事を引き受けていた。「マッカーサーに呼ばれても朝は応じません」と豪語するほどアメリカ人にも対等に接し、「ＧＨＱの淀君」とも呼ばれていたらしい。作家の松本清張も亡くなる直前に、その活躍を題材に小説を書く準備を進めていたというから、相当なスーパーウーマンである。

このように日本にも女性のインテリアデザイナーが存在したが、それはまさに「小説にでもなりそうな」華麗な経歴を持つ特殊な人物に限られていたようである。

インテリア事業に乗り出す
――機は熟していた

さて、話を再び私自身の動きに戻す。

キャロル・アイケン女史の『モデルホーム・マーチャンダイジングセミナー』

は事業的には成功とは言えなかったと先に述べたが、これは私自身がどのような対象に向けてこのセミナーをPRしたらよいか絞り切れていなかったからでもあった。

それまで私は住宅会社、工務店向けの営業、販促活動を援助する出版やマーケティング事業に従事していたので、このセミナーも「モデルホーム・マーチャンダイジング」と銘打ったように、住宅会社の企画、営業部門をターゲットとしていた。

しかし、第1回目のセミナーで建築、住関連会社の女性の姿が目立ったことから、住関連の仕事に従事している女性、あるいはインテリアに興味があり勉強している女性にもっとPRしておけばよかったという反省が残った。また、そのような販促活動をすれば十分な集客が望めるという手応えもつかんでいた。

また1回目は及び腰だった展示場企画会社が、講演の成果を見て引き続きの開催に乗り気になったこともあり、イベント開催を誘ってくれた山本さんを通じてアイケン女史の再来日と第2回目の講演を依頼した。

2回目の講演を成功させるために私は、アプローチ先のリストを整理しなおすことにした。田中真澄氏の言葉「リスト・イズ・ベスト」をさっそく実行したのである。

1回目のセミナー出席者へのアンケート調査結果を手始めに、住関連業界の女性の活動状況を調べたところ、当時すでに住宅会社、不動産会社、家具、ファブリックスなどを扱う会社などで、インテリア部門を設け、「インテリアコーディネーター」を起用しているところが見受けられた。また、インテリアコーディネーターの養成学校も出始めていた。

さらに、それらの動きを受けて、当時の通商産業省の肝いりで、1978（昭和53）年には、現在の「インテリア産業協会」の前身である「インテリア産業協議会」が任意団体として設立された。

アイケン女史から2回目の講演の了解を得た私は、それらの情報をもとにリストを整備し、集客活動を行った。

その結果、講演会は客足が急増した。

結局講演会は計4回行われたが、回を追うごとに参加者が増えた。参加者の多くは女性だった。

「インテリア」という切り口が、当時の女性たちにインパクトを与えることが証明された。

機は熟していたのである。

この成果を受けて私は、講演会、セミナーを中心にインテリア業界に乗り出していった。

当時既に業界で評価を得ていた嶋佐知子、石橋とみ子、田島恭子、塩谷博子、加藤ゑみ子、小玉靖子ら各氏を起用して講演会、セミナーを開催した。

会はいずれも盛況で、80年代前半の「インテリア」の盛り上がりぶりを目の当たりにすることができた。

戦後のインテリア事情②
――インテリアブームの予兆

80年代の盛況に至る戦後の住宅インテリアの歩みを振り返ってみよう。

戦後まもなくのインテリア事情については前述したが、そのころまだ日本にはインテリアを受け入れる器、つまり洋風住宅がほとんどなかった。

日本でもインテリアデザイナーに相当する職業はすでにあったが、その人たちが取り扱うのは、主にホテルなどの商業施設や船舶で、住宅では富裕層のごく一部の邸宅だった。

一般住宅のインテリアの機運が盛り上がってきたのは、１９７０年代である。戦後の住宅着工ブームが、住生活の西洋化を進めたからである。

住宅の洋風化が進んだのは、プレハブ住宅メーカーを筆頭とする「大手住宅メーカー」の影響が大きい。

１９５５（昭和30）年に創業した大和ハウス工業は、当初スチールパイプを構造体としたパイプハウスを製造販売していたが、59（昭和34）年に発表した軽量鉄骨造のプレハブ勉強部屋「ミゼットハウス」がヒット、プレハブ住宅の第一号となった。

１９６０（昭和35）年には、積水ハウスが創業し、鉄骨系プレハブの一戸建て住宅を発表した。その後、松下電工が鉄骨系プレハブ住宅発表（61年）、三澤木材（現・ミサワホーム）が住宅用木質パネル製作（61年）、積水化学工業がオールプラスチックのユニット住宅を発表（62年）と続いた。

プレハブ住宅は１９６２（昭和37）年に住宅金融公庫の融資対象となり、60年代後半からの高度成長期に乗って急成長した。

当初プレハブ住宅は平屋建てで、ＤＫ型、和室を主とした間取りだったが、金融公庫の融資対象拡大にともなって規模が大きくなり2階建てが主流となった。それとともに、和室の居間がＤＫと隣接または一体化して洋室のリビングルームとなり、各個室の独立性が高くなって寝室はベッドを置いた洋間となった。和室は客間や高齢者用の予備室として、せいぜい一室を残す間取りが徐々に浸透していった。こうしてプレハブ住宅の拡大とともに日本の住宅の洋風似が進んだ。DK型プランの団地を供給して、新しい住まいのあり方を提案した住宅公団も、昭和40年代後半からはLDKタイプが主流となった。

70年代のオイルショック、低成長期には、ミサワホームが外形や間取りをパターン化してコストを抑えた企画型住宅を発表し大ヒットさせた。この住宅は、外観やインテリアにもすぐれており、最新の住宅設備機器を装備している点でも注目された。住まい手自らが希望し、実現させるインテリアという意味ではまだ十分ではなかったが、センスの高い洋風インテリアや最新機器の導入という意味で、インテリア業界においてもエポックメイキングな住宅だったといえる。

住宅の洋風化にともなって、「インテリアコーディネーション」の意識も高まりをみせる。

意識の高い住宅会社、リフォーム会社、百貨店、家具店、ファブリックスメーカー、照明器具メーカーなどがインテリアコーディネーターを採用し、また、その育成にも取り組み始めた。

私がインテリア業界に参入したころ、インテリアコーディネーターを起用して評価の高かった企業には、西武百貨店のスタジオ・カーサ、三井ホームインテリア、ミサワホームのリフォーム会社ホームイング、家具の大正堂などがあった。

また、家具メーカーのコスガはインテリアデザイナーの育成スクール「コスガインテリアデザイン教室」を1968（昭和43）年に開校したが、建築系のインテリアデザイン教室を除き、住宅のインテリアを意識して人材を育成したのはこの学校が嚆矢ではないかと思われる。実際、初期の優秀なインテリアコーディネーターにはこの学校で学んだ人材が非常に多い。

70年代後半から80年代に入り、インテリアのブームが訪れると、住関連企業が争うようにスクールを作りはじめ、1990年には次のような顔ぶれがそろっていた。

ミサワインテリアスクール　ミサワホーム（住宅メーカー）
オカムラインテリアスクール　岡村製作所（家具製造・販売）

リビナ・アカデミア　　　　　　ヤマギワ（照明器具販売）
東レインテリアスクール　　　　東レ（総合化学、ファブリックス）
殖産ルーミングスクール　　　　殖産住宅（住宅メーカー）
大阪ガスインテリア　　　　　　大阪ガス（ガス）
セキスイインテリア　　　　　　セキスイインテリア（住宅メーカー）

現在これらの学校はすべて姿を消し、インテリアブームを盛り上げた役割を終えている。

自著の出版
――『主婦こそセールスの主役だ』

私が２万円、３万円の本を住宅会社に直販していたことはすでに述べた。
しかし、インテリアセミナーに集まったような人々を相手にするなら、このような商法はなりたたない。

書店での販売が私の課題だった。

書店で本を出すためには、私自身が著者となって、出版社から出版してもらうのが近道である。

書店に流通する本を作るためには、出版社が乗り気になる企画を作る必要があった。

インテリアというテーマは、当時まだ彼らの触手を動かすものではなかった。しかし、「活躍する女性」という切り口なら乗ってくる出版社は多いはず。

そう考えた私は、当時、女性の営業社員を組織して住宅を販売していた太平住宅に目を付けた。

冒頭でも触れたように、そのころ住宅業界は、営業から設計、施工まで男が独占する職場だった。女性は会社の受付や接待係、モデルホームの留守番として採用されるのがせいぜいというありさまだった。

そんな中で太平住宅は積極的に女性を活用していた。

当時住宅業界で「割賦三社」と呼ばれる有名な大手3社があった。それは殖産住宅、日本電建と、この太平住宅の三社だった。

割賦三社は、住宅ローンが普及する以前、積立方式で住宅を販売し、戦後の住宅業界を牽引していた。つまり住宅ローンのように後払いではなく、前もって毎月一定額を積み立てて、ある額が貯まったところで家を手に入れるという方式で、ローンを組むには金融機関のリスクが大きすぎた当時の日本では、庶民がマイホームを手に入れるための頭のよい方法だった。

住宅金融公庫（現・住宅金融支援機構）の先導もあって住宅ローンが定着すると、ある意味「気の長い」割賦方式は嫌われ、ローン方式への切り換えがうまくいかなかった割賦三社は、いずれも現在姿を消している（殖産住宅はリフォーム会社として活動）。

マイホーム希望者から毎月積立金を集める割賦三社は、金融機関のようなものであった。その営業活動は、いってみれば保険会社のそれに似ており、そこにセールスレディが活躍する余地があった。

他の2社は男性中心の営業だったが、太平住宅は女性を活用し、一定の成功を収めていた。この女性たちを取材し、「いまや販売界は女性の時代だ‼」と祭り上げようというのが企画の主旨だった。

この企画は、経済誌とビジネス書の出版で知られるダイヤモンド社の取り上げるところとなった。

私は北海道から宮崎まで、全国のトップセールスウーマン13名の取材を敢行して原稿をまとめ、記念すべき第一弾は、1982(昭和57)年9月、『主婦こそセールスの主役だ』というタイトルで発売された。

ここに登場した女性たちは、まさに保険業界のセールスレディさながらであり、「インテリア」の雰囲気は皆無で、その後の発展もなかった。

しかし、一流出版社から本を出したという実績と人脈が私の手元に残った。

「奇跡」の出版
――『積水ハウスのヒューマン営業』

『主婦こそセールスの主役だ』を発売した2年後、私は同じダイヤモンド社から第2弾『積水ハウスのヒューマン営業』を上梓した。

これはタイトル通り、住宅業界最大手、積水ハウスのトップセールスマンを取材した本である。

この本の出版は当時「奇跡」と言われた。

積水ハウスという会社は、当時から業界シェアナンバーワンを誇り、テレビCMのテーマソングのメロディでも知られていたが、大手住宅各社の中にあって、比較的地味な印象のメーカーであった。

例えば、木質プレハブのミサワホームは、洒落たデザインとアイデア豊かな商品戦略でユーザーの注目を集めていたし、ユニット住宅のセキスイハイムは、箱形のユニットを積み上げるというまさにプレハブを地で行く住宅で独特の地位を築いていた（ちなみに、積水ハウスは同じグループであるセキスイハイムとよく混同された）、高級志向の消費者には、ツーバイフォーの三井ホームが純洋風住宅で、和風の高級住宅では住友林業が成長著しかった。

住宅業界で積水ハウスは、一般住宅とともにアパートなどの集合住宅を売りまくり、総合点でシェア1位を維持しているというのが、業界での見方だった。商品（住宅）の質は高かったが、大ヒット商品や高級イメージはなく、それが地味な印象につながっていた。

積水ハウスをトップ企業に押し上げたのは、一にも二にも「営業力」だというのが当時の業界の常識である。そんなことから同社内では、自社の実績を支える営業マンのノウハウを世間に知らしめるなどというのはもってのほかだという意見が支配的だった。積水ハウスは「社内を取材しにくい」会社としてもよく知られていたのである。

ところが、当時住宅会社のマーケティング活動を支援していた私の会社は、積水ハウスの支店長クラスとのつきあいがあった。ダメモトで企画書を出したところ、広報を通じて、当時絶対的な権力を誇っていた田鍋健社長が目を通すところとなり、鶴の一声で出版が決まった。

『積水ハウスのヒューマン営業』は、１９８４（昭和59）年8月に発行され、大きな話題を呼んだ。

この本は前著以上にインテリアとは関係が薄い。しかしこの2冊のおかげで、その後私はインテリアコーディネーターの資格試験関連の書籍を、名の通った出版社から次々と出すことができたのである。

早すぎたベストセラー
――『知的女性はインテリアをめざす』

『積水ハウス』の本と同時進行で企画が進められていたのが、『知的女性はインテリアをめざす』である。

インテリアセミナーを重ね、業界とのつながりも深くなった私は、なんとかインテリアと女性に関する本を世に出したいと願っていた。

しかしまだ市場は、インテリアの本に注目するほど成熟していなかった。出版社も二の足を踏んだ。

結局『知的女性はインテリアをめざす』は、1984（昭和59）年に小出版社からの発行となった。本書は、数少ないながら各方面で地道な活動を繰り広げていたインテリアコーディネーターのパイオニアたちを取材し、女性に適した職業としてのインテリアコーディネーターの未来像について語った本である。

独自の書店ルートを持たない出版社からの発行（当時はハウジングエージェンシーもまだ書店ルートを持っていなかった）だけに、本書の売り上げは前2書と比べるとものたりなかった。大半を私が引き取り、住宅会社を中心とした直販ルートで売りさばいた。

その結果、2年後に改訂増補することができ、それから何年か頑張ったがまもなく廃版になってしまった。

ところが、廃版になってから本書は真価を発揮した。

私は出版した本を原則的に全国の図書館に寄贈している。本書も自費で買い取ったうえに、図書館に贈った。

寄贈後まもなく、「図書館で読みました」という読者からの問合せの電話が会社にかかってくるようになった。中には、本書に挟んである読書感想のハガキに、熱心に感想文を書いて送ってくる猛者もいた。本はタダで読んだ上に、ハガキは失敬したわけだ。

図書館に贈っておいてこんなことを言うのもなんだが、出版に携わる者としては、本はやはり買って読んでほしいというのがホンネだ。とはいえこの本に関しては、小出版社からの発売であり、簡単には手に入らないという事情を考えると、そこまでして熱心に探し求めてくれた読者に対する感謝のほうが大きかった。

図書館からの反応は、廃版後も延々と続き、こうして『知的女性はインテリアをめざす』は「図書館ベストセラー」となったのである。

本書は「インテリアコーディネーター」という職業をまともに取り扱った最初

の本ではないかと思う。というのも、本書が発売された84年は、インテリアコーディネーター資格試験が始まった年でもあったからだ。「インテリアコーディネーター」という職名が、初めて大きく世に問われたのがこの年だったのであり、本書は普及に一役買ったといえる。

本書の発売年がインテリア試験初年度だったのだから、本書で紹介したインテリアコーディネーターは全員、本書が出る時点では「資格」を持っていなかったわけだ。そして仕事をする上で「資格」を必要としない人々であった。

この方々の中には、その後も資格を取得せず、そのまま仕事を続けた方も多かった。伝統工芸の職人が、そういう資格が登場したからといって、取得する必要を感じないのと同じであろう。資格がなくても、実績が十分なので仕事は続けられるからである。

この方々をインテリアコーディネーター第1世代とするなら、インテリア試験施行後に頭角を現した人々を第2世代と言うことができるだろう。第2世代の多くは資格を持ち、資格を足がかりとして成長してきた。

第2世代は現在のインテリア市場で大きいボリュームを占めている。この人々の活躍には、私の会社が少なからず貢献したと考えている。

その発端となったのがこの『知的女性はインテリアをめざす』だった。いま思うとたいへん貴重な本であり、なんとか書店ルートを通して「正規」にもっと販売してあげたかった、隠れたベストセラーである。

インテリア実務書シリーズ
――プロのためのテキスト

書店ルートを持つ出版社から自著を出す一方、私は出版社としてのハウジングエージェンシーからもインテリア関連の本を発行した。

『インテリア実務書シリーズ』である。

これはインテリアコーディネーターをはじめとするインテリアのプロやこれから業界を目指す方々に、仕事の基本を教えるテキストだった。

インテリア実務書シリーズには次のようなタイトルがあった。

・インテリア実戦知識入門　金堀一郎
・インテリアファブリックス実戦知識入門　塩谷博子
・住宅のインテリアを生かす照明実戦知識入門　中島龍興
・システムキッチン実戦知識入門　内田収省
・住宅のインテリアをカラーコーディネーション実戦知識入門　前田樹男
・インテリアを活かす「絵画」実戦知識入門　渋谷廣見

著者はその道の専門家、実務家ぞろいであり、インテリアの実務を教える本として独特の位置づけを与えていた。

これらの本は、私がまだ書店ルートを開拓する以前だったから、直販本である。住宅会社向けに3000円程度の本を3冊セットで販売したことはすでに述べたが、このシリーズも基本は会社の実務家や学校の授業用に使ってほしいという考えから、当初その販売方法を踏襲した。

しかし、完全直販だったにもかかわらず個人からの注文が多く、当然のことながら、販売方法には不満が噴出した。私は結局セット販売を撤回したが、シリーズ発売前に値付けや販売方法をもう少し慎重に考えておくべきだったと反省している。

著者書籍一覧(1)

積水ハウスのヒューマン営業
20人の仲間たちが語るその秘訣
三島俊介

●インテリアコーディネーターになりたい人の本
知的女性はインテリアをめざす
三島俊介――著

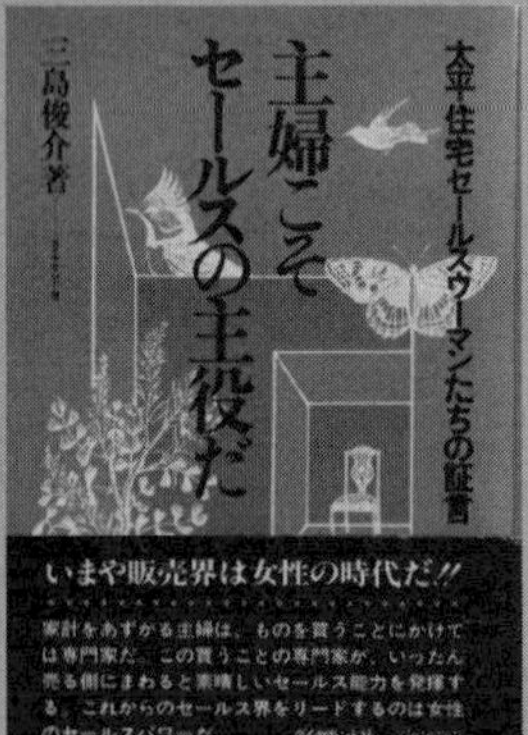
主婦こそセールスの主役だ
太平住宅セールスウーマンたちの証言
三島俊介著
いまや販売界は女性の時代だ!!
家計をあずかる主婦は、ものを買うことにかけては専門家だ。この買うことの専門家が、いったん売る側にまわると素晴しいセールス能力を発揮する。これからのセールス界をリードするのは女性のセールスパワーだ。
ダイヤモンド社

第2章

私マーケティング実践編

――インテリア試験講座を業界トップに導く

私はこうして
ナンバーワン受験講座を育て上げた

インテリア試験が始まった

私が興したハウジングエージェンシーという会社は、その後スクールのブランドとして打ち出したＨＩＰＳ《ヒップス》（Housing & Interior Pro School）とともに、世間一般には、インテリアコーディネーター資格試験（以下・インテリア試験）の対策講座や出版で知られている。

１章で紹介したように、１９８１年『モデルホーム・マーチャンダイジングセミナー』の開催をきっかけに、私はインテリア業界へ足を踏み入れた。これまで住宅会社を対象に行ってきた研修、出版事業を、インテリア業界にも広げたのである。

モデルハウスのデザインやファブリックス、照明設計といった実務者向けのセミナーや出版は、そこそこの活況を呈していた。おそらく、その種の知識や技能を得る機会が少なかったからだろう。

しかし、私はプロ向けの研修、出版には限界を感じていた。これまで主戦場としていた住宅業界と比べて、当時のインテリア業界はあまりにもパイが小さすぎたからである。

そこで着目したのがインテリアコーディネーター資格（以下・インテリア資格）である。

80年代前半はインテリア業界にとっても、画期的な時期であった。１９８３（昭和58）年に設立した社団法人インテリア産業協会は、その前身であるインテリア産業協議会の調査研究を引き継ぎ、通商産業大臣の認定事業としてインテリア試験をスタートさせた。

私マーケティングの実践

後ほど経緯を詳しく説明するが、私はインテリア試験の受験対策講座をこの業界ではナンバーワンのブランドに育て上げた。

私自身は進学塾や資格試験講座のマネジメント経験はまったくなく、1章でも述べたように、インテリアコーディネーター（以下・ICと略す場合もあり）の実務経験があるわけでもない。

そんな私がなぜインテリア試験の受験講座を始めようとしたのか。

それは数々の幸運な出会いに恵まれたおかげでもあるが、実のところ最大の理由は、このインテリア試験とインテリアコーディネーターという職業が、私が学んできたマーケティングの手法——つまり、「私マーケティング」を実践するのに絶好のフィールドだったからである。

そして、私はマーケティングの教え通りにインテリア試験事業を展開し、ブランドをまたたく間にトップに押し上げた。

私がなぜインテリア試験の業界に参入したか、そして私マーケティングをどのように活用したかをまとめてみた。

1. ソフトを売る
――自分自身を投影し共鳴

インテリアコーディネーターは基本的にはソフトを売る仕事である。

ソフトはお金にならないというのが当時の社会通念だったが、インテリア市場では、現実にソフトを売って職業としている人々、特に女性が数多くいた。

この職業に私は自分自身を投影し共鳴した。

ソフトを売るというのは大変なことである。

以前、住宅の営業・販促ノウハウを書いた本を住宅会社などに持っていくと、「書店で1000円で買える」とよく言われたものだ。書店で買える本なら1万円で売らないといくら説明しても聞く耳を持たない。

ソフトを売るというのはそれほど難しい。

これから船出するインテリア試験の資格者にも、同様の困難が待ち受けていることは容易に想像できた。ＩＣ志望者が困難に直面してとまどったとき、同じような境遇をくぐり抜けてきた私の経験を生かしてアドバイスできるのではないか。困難に打ち勝つために、私の経験から何かを吸収してもらえればいい。

インテリア試験の参入には、そんな思いもあった。

現在、この業界を半分引退した私だが、私のビジネス観に共鳴し、ＳＮＳでやりとりしたり、機会を設けては集まってくれるＩＣが全国に１００名程度いる。

この人たちの大半は受験講座の受講生として私とつながりを持った。

講座受験の最中、または合格後、何かの機会で私に相談したり、私の講義を聴いたりして、私のビジネスのやり方に何かピンと来るものがあったのだろう。彼らなりに私の考え方やノウハウを吸収し、それぞれが独自の道を築いている。

私が誇らしく思うのは、この１００名ほどの人々が、ＩＣをビジネスとしてきちんと成り立たせているということである。おそらくこのレベルの人たちを、緩くではあるが組織しているのは、私だけだという自負がある。

そして、なによりもありがたいのは、私が多少の手助けをしたことに恩義を感じてくれて、本を作る際にも積極的に協力してくれることである。

このメンバーについては、折に触れて紹介するつもりだが、インテリア試験に参入するにあたって、「私の経験が活かせるのでは」という直観は当たっていたのである。

2. ニッチ市場
――だからこそ新規参入できる

インテリアコーディネーターはニッチな職業である。

インテリア試験で多くの資格者を生み出した張本人がこんなことを言うとお叱りを受けるかもしれないが、ICの市場が狭いことは当初から予想していた。

例えば、住宅を購入するとき、外観や間取りを決める設計士は（プレハブ住宅の企画型など、一部を除いて）必ず必要とされる職業である。しかし、ＩＣはそうではない。特に、インテリア試験が目指しているような、建築から家具、カーテン、照明、はては絵画や工芸などまで幅広い知識を持ち、顧客にアドバイスできるような人材は、「普通の住宅」にはさほど必要とされていない。比較的資金に余裕のある層、生活を楽しむことにお金を惜しまない層、ライフスタイルにこだわりを持つ層がその顧客となる。それは住宅を計画する人々のごく一部である。

しかし一部であるにせよ、ＩＣの需要は確実にある。そしてその市場は消費者の質が高く、やり方によっては十分にお金を稼げる。

まさにニッチ市場だ。

また、ＩＣが住宅計画に新たに加わる場合、これまで営業社員や設計士が行ってきた仕事に割り込んで、自分のビジネスを確立しなければならない。

「隙間」の意味あいは違うが、これもまた「隙間産業＝ニッチビジネス」だと言えるのではなかろうか。

あまり注目されないニッチ市場は、早く発見して参入した者勝ちのようなところがある。

インテリア試験が開始してまもなく、世間には資格の価値を疑問視する向きも多かったが、迷っている人たちに私は「すぐ受験しなさい」と勧めた。それはもちろん、私自身のビジネスのためでもあるが、それ以上にこの種の資格試験は「取ったもの勝ち」であることがわかっていたからである。

そして、同じ理由で私もこの市場に挑戦したのである。

3．競争相手がいない
――大手資格試験塾は様子見していた

前項と関係するが、始まったばかりのインテリア試験には、大手の資格試験塾が、ほとんど参入してこなかった。様子見していたのである。

その後インテリア試験は順調に受験者を伸ばし、参入する業者も現れたが、大手が本腰を入れて参入するほどの規模には達せず、1万人程度で長年推移している。

この「適度な受験者数」が私たちのビジネスには幸いした。

もっとも、この受験者数は当初から予想できた。

2でも述べたように、ICの需要は、すべての住宅計画に必要なほどは多くない。さらにまたインテリア資格には、それがなければ仕事ができないとか、事務所が開設できないという強制力はない。したがって、試験の受験者もさほど増えないと予測できた。近年受験者が20万人を超える「宅建（宅地建物取引士）」はもとより、2万人程度の「2級建築士」にも及ばないと私は考えていた。

現在インテリア試験の受験者は1万人程度だが、それが適正な人数だといえるだろう。

大手企業が参入しにくい微妙な市場規模は、「想定内」だったのだ。

とはいえ、昨今は大手受験塾も経営を維持していくためになりふりかまっていられないのか、インテリア試験に次々と参入してきた。市場環境は日に日に厳しくなっている。

インテリア資格の受験講座を維持していくためには、これからなおいっそうのマーケティング努力が必要とされるだろう。

4.「マーケティング」という試験項目に注目 ——主催者の意図は?

ところで、私がインテリア試験に共感を持った理由のひとつに、当初この試験に「マーケティング」という出題項目が含まれていたことがある。

インテリアの一次試験は、最近まで『販売』と『技術』という分野からなり、試験時間も午前午後に分かれていて、それぞれ25問ずつ出題されていた。

『技術』の分野は、建築、材料、人間工学、環境工学などの知識が問われるもので、正直私はこの方面の知識はあまりない。

『販売』の分野は、その多くが、インテリア計画に使用されるカーテン、壁紙、照明器具、キッチンなどの商品知識に費やされていた。これらの知識も私はあまり持ち合わせていない。しかし、それ以外の出題項目として、私のフィールドでもある「マーケティング」や「コンサルティング」があった。

「コンサルティング」は、ICがサービス業であることを明確にし、その心構えや接客術を問うていた。この項目は現在でも残っている。

しかし「マーケティング」を問う問題は現在出題されていない。

なぜ「マーケティング」は試験科目となり、そして消えたのか

では、いまは消えてしまった「マーケティング」とはなんだったのか。

客観的な目で見ると、この種の試験に「マーケティング」は異質である。

一般的に「マーケティング」は、企業が市場へ商品を投入するときなどに使うノウハウであると考えられている。それはそれで正しい認識である。

私はいま、こう考えている。

インテリア試験の「マーケティング」とは、ICが新しいサービス業として市場を開拓し、自身の立場を自ら築き上げてほしいという強い願いがこめられてい

たのだと。

それほどセンチメンタルな解釈でなくとも、「マーケティング」の実践がＩＣの生きる道を示唆すると、当時の出題者が考えていたことは間違いなかろう。

しかし、試験問題のマーケティングはアカデミックに偏りすぎたきらいがあった。正直、この問題が解けたからといって、ＩＣの資質となんの関係があるのかという出題が多かった。

そんな理由から、あるいは、インテリア資格がある程度社会に定着し、その市場も確立されたと出題者側が考えているのか、いつしかインテリア試験から「マーケティング」は消えた。

「マーケティング」は無駄な知識だったのだろうか。

初期のインテリア試験を受けて合格し、その後プロＩＣとして活躍している女性に、あるとき私は「あなたの成功の秘訣はなにか」と尋ねたことがある。

するとその人は、こう答えた。

「私は建築やインテリアを学校で習ったわけではなく、資格を取得して業界に入った一介の素人でしたが、インテリア試験の参考書である『インテリアコーディネーター・ハンドブック』に書いてあるとおりに実行し、独立後もそれを頼りにしてきました」

その人はマーケティングの分野も自分なりに解釈して仕事に活かしてきたのであろう。

インテリア試験から「マーケティング」が消えたのは非常に残念である。アカデミックな出題が続く限り、マーケティングは消え去る運命にあった。マーケティングは知識として覚えるだけでなく、「使わなきゃ意味がない」のだ。だからといって、「仕事に即使える」ノウハウ集のような内容は、試験問題にはなりにくい。出題がアカデミックに偏るのはいたしかたなかったのである。

インテリア試験から「マーケティング」は退場したが、当時の出題者の気概とでもいうべき意図は、現在の受験生にも受け継いでほしいと思う。

私は本書で「私マーケティング」を標榜しているが、学問としてマーケティングを極めたわけではない。あくまでビジネスに使える教えを、自分なりに咀嚼して実行に移しているだけである。つまり、「おいしいとこどり」なのだ。

そうして私は、この厳しい業界を生き抜いてきた。

インテリア試験を受ける方々には、ぜひこのマーケティング感覚を身につけてほしいと切に願う。

5. リスト・イズ・ベスト①
――リストをベスト・リストに育てる

田中真澄先生の教え「リスト・イズ・ベスト」を、私はビジネスをする上で肝に銘じてきた。(43ページ参照)
インテリア試験は、その教えを実践する絶好の機会でもあった。
あらゆる方法を使って私はリストを集めた。それも、ただ住所氏名を記しただけのリストではなく、インテリア試験に関心の高い良質のリストを集めた。つまり「ベスト・リスト」の収集である。

新聞・雑誌への広告出稿はその基本中の基本だが、大事なのはその広告を見てかかってきた電話や送られてきたハガキ（当時はハガキが主だった）への対応である。電話を受けた場合は、パンフレットなどの資料を送ることになるから、住所・氏名・電話番号などを控えるのは当然だが、そのときに相手のプロフィールをどれだけ把握できるかが、そのリストを磨き上げるカギである。

ハガキの応募者の場合は、資料を送ったうえで、電話をかけて様子を聞く。

「お仕事はどんな関係？」

「インテリア資格はぜひ必要？」

「どこか学校に通っている？」などなど。

こうした情報が盛り込まれて、リストは「ベスト・リスト」に近づいていくのである。

いま、SNSではある記事に対して「いいね」を送ると、その人の好みや趣向が分析されてしまうという。そんな手法を、30数年前に私は、SNSと違って正々堂々としたやり方で実行していたわけである。

6. リスト・イズ・ベスト②
――鉄板のリスト収集法「模範解答」

インテリア試験の問題集や用語辞典などが書店で販売されるようになると、これに挟んである資料請求ハガキが、良質なリストの草刈場となった。このハガキ(ときには電話相談)は、新聞・雑誌広告の反応より、すでにワンランク上のリストである。

そして、さらに見込度の高いリストを集める「鉄板」のノウハウがあった。

インテリア試験を受けた方ならご存じだろうが、一次試験の会場の外では「模範解答と合否予測」というハガキが配られている。

このハガキで応募すれば、比較的早い段階で模範解答を送り、その結果を知らせてくれれば、合格の可能性を示唆するというものである。

これは大学受験などでは見慣れた光景かもしれないが、その手法を私は応用した。

駅前のチラシ配りを見ているとかわいそうに思うが、ティッシュなどのおまけをつけても、手に取る通行者は1割もいないだろう。

ところが「模範解答と合否予測」は9割以上の受験生が受け取った。

これにはインテリア試験ならではの特徴が幸いした。

「模範解答と合否予想」が鉄板のリスト収集法になったわけ

インテリア試験は学科の一次試験とプレゼンテーションの二次試験があり、一次試験の合格者が二次試験を受験できる。しかし、その一次試験と二次試験の間隔が2カ月足らずであり、しかも一次試験の合否通知は試験のおよそ1カ月後。つまり、合格者は1カ月で二次試験の準備をしなければならず、製図などの心得がない者には厳しいスケジュールだった。

当初は、一次試験に合格しても二次試験に失敗すると、翌年また一次試験から受け直さなければならなかったが、後に、一次試験合格者には3年の猶予期間が与えられた。とはいえ、せっかく一次試験に合格したのだから、その年に二次試験まで一気に突破したいというのが人情である。したがって、誰もが少しでも早く一次試験の合否を知りたい。

そこへ「模範解答と合否予測」であるから、当然皆が飛びつく。

さらにインテリアの一次試験の難しさと合格基準の相対性が、「合否予測」への関心を高めた。

インテリアの一次試験は、合格率30パーセント程度という難関である。

その合格ラインは、「80点以上」のように絶対的な点数で決まるのではなく、上位30％なら30％のラインで点数を切って、それ以上を合格、それ未満を不合格としているようだ（決定方法は発表されていない）。だから、前年は80点で合格していた受験生が、今年は80点取っても落選というケースが多々ある。

ある程度手応えのあった受験生は、合格するかどうか、二次試験対策は始めたほうがよいのか、もやもやした気分で一カ月程度を過ごさなければならない。

その判断を早めてさしあげるのが、模範解答と合否判定ハガキというわけである。

このハガキで集めたリストは、もちろん二次試験対策講座の見込客として最高レベルだが、一次試験に失敗して、来年度再挑戦をめざす人のリストとしても見込度の高いリストとなる。

『解答情報』は屋台骨を支えた鉄板のリスト収集法であった。

7. 私マーケティング流販売促進①
――イメージ戦略「出版社主催の講座」

企業イメージ、ブランドイメージが、いまほど重視される時代はない。ちょっとした失敗で、イメージは傷つき、回復するのに多大な時間と労力を要する。また、無名の企業がのし上がるためには、企業イメージのいちはやい確立が望まれる。

ハウジングエージェンシーの受験講座HIPSは、いまでこそインテリア試験に関わる人なら知らない者はいないというほど名が知れわたっているが、まだ無名のころ、私がPRに当たって強調し、社員にも徹底させたのが「インテリア試験で定評ある書籍を出版している出版社主催の受験講座」という点である。

この言い方にピンときていない社員もいたようだが、ネットに押されて青息吐息の現在の出版業界と違い、当時の「出版社」の威光は大きかった。ブランドイメージの確立にうってつけのPR材料であった。

このイメージ戦略に寄与したのが、次の3点だった。

①全国の主要書店に直販ルートを開拓したこと、

②『インテリアコーディネーター資格試験問題徹底研究（以下・徹底研究）』というヒット商品を得たこと、

③インテリア産業協会が発行しているインテリア試験の参考書『インテリアコーディネーター・ハンドブック』を、一時期直販ルートで書店に卸していたこと、である。

つまり、①全国の主要書店で手に取ることができる、②よく受かるテキストの出版社であり、③しかも、インテリア試験の主催者の出版物を扱っている――という強烈なインパクトをユーザーに与えたのである。

それぞれの経緯については追って述べよう。

8．私マーケティング流販売促進②
——電話セールスが営業のカギ

すでに述べたように私は、良質なリストの整備のために、資料請求ハガキなどをもとに電話をかけて情報収集した。

しかし、電話をかける本来の目的はリストを作るためではなく、営業活動である。会社創業時代、住宅会社向けのヒット書籍に『住宅営業電話セールスマニュアル』という一万円の本があった。これはその名のとおり、住宅の営業部隊が電話でいかにユーザーを説得し、自社商品の購入に結びつけるかを書いたマニュアルである。私がコンサルタントに依頼して執筆してもらった本だ。

このように『電話セールスマニュアル』は、住宅会社の営業社員のために出版した本である。

それを私は今度は自分の会社のために使った。

まさに「私マーケティングの実践」である。

私マーケティング流電話セールスの手法はこうだ。

資料請求ハガキをもとに電話をかけて相手の情報を集める。好感触だったら、その場でゼミへの申し込みを促す、教室見学へ誘う。その場で実のある話ができなくても、DMを送った後、再び電話する。

資料請求しただけなのに電話がかかってくると、迷惑がる人も多かった。しかし、携帯電話会社やクレジットカード会社から、「お得なプランがあります」「当社の生命保険に加入しませんか」などと電話がかかってくるのは、現在の常識である。私は大量のDMを全国に発送していたが、DMはあくまでも呼び水ととらえていた。DMを送った相手に電話をかけて、

「インテリア講座のDMをお送りしましたが、ご覧になりましたか」と切り出せば、相手に余計な警戒を抱かせない。

電話セールスは営業のカギだった。

ＤＭを送っただけで手をこまねいて待っているだけでは、人は集まらない。会話による説得が必要なのである。

もちろん訪問などによる直接対面が一番効果的だが、リストの人数が多い上に対象が全国に広がっているインテリア試験であり、少ない営業スタッフでいちいち面接してはいられない。

そこで電話がフル活用される。

「しろうとが受験できる？」

「仕事にインテリア資格は必要？」

「受験するために学校に通ったほうがいい？」

「一般のインテリアスクールでも受験勉強できる？」

などなど。

私は電話対応のマニュアルを作ったことはなかったが、それぞれの営業社員が自分なりの説得方法を身に付けて相談を受け、教室の見学に誘い、対策講座の受講を勧めた。

電話による直接アプローチが会社経営の生命線だったのだ。

9. ファン作りの極意 ――「会員制の講座」という非常識

現代のマーケティングでは、コアな顧客、つまり「ファン」を作ることが安定経営を維持するために不可欠と考える。

コアなファン作りで大成功しているのが、歌手・タレント志望の少女を大人数集めて歌い踊らせる、例のガールズ・グループ群である。このグループはご存じの通り、秋葉原の小劇場からスタートした。つまりコアなファン作りから始まったのである。

そして人気に火がつくと、各地で御当地グループを結成し、互いに競わせた。さらに、極めつけは「総選挙」の実施である。これは彼女たちのCDを買うと投票権が与えられるというシステムで、「推しメン（一推しのメンバー）」を勝たせるために100枚以上CDを買う熱狂的なファンが続出した。つまり、「オレが一番熱心な支持者だ」と思いたいファンの競争心もあおったのである。

私ははっきり言って、このようなやり方は好きではないし、フェアではないと思う。しかし、ファン作りの巧みさには感心せざるをえない。

このようなファン作りは、日本では昔から百貨店などが採り入れていた。つまり「お得意様」である。お得意様には、特別なサービスがあり、常に親密なコミュニケーションが保たれる。

現在ではインターネットがフルに活用されているが、航空会社のマイレージあたりから盛んになったポイントカード制も、ファン作りのひとつと考えられるだろう。

それ以前になると、一部の百貨店や家具店、スポーツクラブやジムなどで実施されていた「会員制」が、ファン作りを明確に意識したシステムだといえるだろう。

この手法を私はインテリア講座に採り入れた。

「インテリア情報会員」がそれである。

この薄っぺらな情報誌が年会費1万円だって？

この会員制度の会費は年間1万円程度で、「インテリア情報」という数ページの情報誌が毎月自宅に送られる。また、会員は各種講座を会員価格で受けられる。

初めて当方の講座に申し込もうとする人には、入会したうえで会員価格を支払うように勧められ、ほぼ全員が会員となった。

正直、このやり方はユーザーから、「意味がわからない」とよく言われた。

多くの人が考えるのは、「インテリア情報」の会員というのだから、この情報誌の値段が年間1万円なのだろうということ。

ところが送られて来る情報誌はペラペラの、現在ならタダで配布しているフリーペーパーの体裁である。しかも、インテリアの情報誌なのにモノクロだ。

確かにこの体裁だけ見れば、ユーザーが怒り出すのは無理もない。

また、講座申し込みの受付時点ですべての人が会員になるなら、「一般価格」はいらないじゃないかという意見もよく聞いた。一般受講と会員受講の選択肢があるなら、入会を強要（強要はしていない。あくまでお勧めであるが）するのはおかしいという、まあ、一般ユーザーの立場から見れば正論である。

私たちの意図は講座の申し込みの際にちゃんと説明している。

つまり、「ＨＩＰＳでは今回の講座以外に、問題演習がメインの講座、公開模擬試験、直前の演習講座などを開講しているが、それらがすべて割引価格で受けられる。また、インテリア関連の書籍もすべて会員価格（直販の場合）となる」ということだ。

受講生にはこれらのことを理解してもらったうえで入会していただいていたのだが、中には半信半疑で言われるままに従った人もいただろう。しかし、そんな方々も、一年通して受験講座や出版物を利用していただいた後には、この制度に納得していただけたものと確信している。

そして、この「インテリア情報会員」こそ、当時の（いや、今でも）教育業界ではありえない、常識はずれのファン作りのマーケティング手法だったのである。

10. 価格は市場が決める①
――一流講師を起用

資格講座についても、インテリア業界についても「しろうと」だった私は、講座の開講にあたっては、とにかく他人の力を借りなければならなかった。

インテリアセミナーの開講以来、あらゆる機会をつかまえて広げた人脈を私は活かした。それしか方法がなかったからだ。

そして、いよいよ受験講座の開講というときには、一流の講師陣を揃えた。

インテリア・建築関連の大学の教授、助教、家具のデザイナー、ファブリックスコーディネーター、照明設計のプロ、住宅設備のコンサルタント、マーケティングコンサルタントといった面々である。

開講当初の受験講座はその豪華な講師陣が売りの一つだった。東京大学の助教もメンバーに加わっていたが、今では考えられないことである。

この講師陣がインテリア産業協会が発行しているテキストや初期の試験問題を

参考にレジメを作り、それをもとに講義した。そのときのレジメや講義内容が、その後、受験講座用の合格テキスト制作の基礎となった。

レベルに見合った講師料で質の高い講義を提供

こう書いてくると、私は豪華な講師陣の力を借り、利用するだけ利用したように感じられるかもしれないが、それは違う。

ベストメンバーを揃えるために私は、受験講座としては破格の講師料を提示した。質の高い講義にギャラで応えたのである。

比較的初期からインテリア試験の講座を開講していた有名な研修企業があるが、そこの講師料を尋ねたところ、なんと私どもの5分の1だった。必然的に講師のレベルも低く、そこでの受験を諦めて当方に鞍替えする受講者も多かった。

こんな話がある。

ＨＩＰＳの受験講座を受けて合格した生徒から、「○○社から受験講座の講師を依頼されたが、引き受けたほうがいいでしょうか」という相談があった。

そこの講座の実態を知っていた私は、「自分を安売りするな」と言って、依頼を断らせた。

しかし、いまになって思えば、その会社の講師料は受験業界の相場だったのであり、普通でなかったのはこちらのほうだった。

教室の規模や経費、参加者数の見込み、その他諸々を計算すれば、他の受験学校のほうが講師料としては適正だったのかもしれない。しかしその講師料はマーケティング的観点から決められた金額ではない。

一般の受験講座の講師料は、小売店で、仕入額がこれこれだから、それに利益を何パーセント乗せて売ろうという、おなじみのやり方で決めた価格である。しかしマーケティングでは、価格は市場が決める。

ぜひ欲しいという買い手が多ければ、売値は高くなる。また、その商品に高い価値を感じるなら、製造価格は安くても高く売れる。

講師料の場合、起用したい講師陣の能力が高く、受講生の人気も高ければ、それなりの金額を払わなければならない。

そして私はその通り実行した。

一方で、講師陣の見極めもシビアだった。講座では必ずアンケートを取り、講師の評判を聞いた。

当初、インテリアの歴史の分野で権威ともいえる先生を起用していたことがあるが、あまりに知識が豊富で、講義に熱が入ると、2時間程度の講義では10分の1も終わらない。これでは「受験講座」の意義に反する。講義そのものはたいへん面白く、私たちとしても残念だったが、何期目かの講座からは丁重にお引き取り願った。

アンケートで受講生の声を聞きながら講師を選別したということは、要するに、消費者に講師の価値を品定めしてもらっていたのである。

まさに、価格は市場が決めていたのだ。

11 価格は市場が決める②
――在宅講座という新機軸

HIPSの受験講座には主要都市に設けた教室に通う通学講座の他に、在宅講座というものがあり、全国から受講生を集めた。

これは、通学講座と同じレベルの講義をカセットテープ（当時）に納め、通学講座の雰囲気を味わってもらうために週1回のペースで自宅に送るのである。つまり通信講座のようなものだが、一般の通信講座と違ったのは受講料だった。普通の通信教育の価格の5～10倍の価格だったのである。

しかし、在宅講座は人気が高く、通学講座に通えない受講生を全国から集めた。在宅講座はドル箱となった。

在宅講座を検討している人の中には、「通信講座にしては値段が高すぎる」という不満の声もあった。私たちは、「通学講座と同じレベルの講座ですから、あまり安売りすることはできないのです」と説得して、講座を受けてもらった。

一般商品の通信販売は、店舗の場所代や人件費がかからない分多少は安くなるものの、同じ商品であれば店舗販売の値段とかわらない。理屈ははっきりしているのだが、やはりここでも「ソフト」販売の難しさにぶつかる。

通学で講師の顔を見ながら勉強するから緊張感とやる気が生まれるのであって、自宅でテープを聴きながらではどうも不安だという声が多く聞かれた。

それでも、ハイレベルの授業を受ける機会がない地方の受験生は、HIPSの在宅講座を選んでくれた。

そして実際講座を受けてみると、ほとんどの人がその内容と価格に納得した。それはおそらく、申し込んでくれた人の覚悟にもよるのだろう。つまり、彼らは在宅というハンデを承知し、それでも資格を取りたいという覚悟を持っての上で、HIPSの受験講座を選んでくれたのだ。そして、決して安くない値段を払って受講したからには、しっかりこれを活用して合格したいという強い意志があったのだろうし、そして講座はそれに応える内容でもあった。

必要であれば人は多少の出費は惜しまない。価格は市場が決めるという原則がここでも働いているのである。

12. W-I-N-W-I-N関係を築く①
――書店の直販ルートを開拓

私たちのインテリア試験のブランドがメジャーになったのは、書店ルートの開拓に成功したことが大きかった。

直販ルートは「競争しない」ルートだった

通常の出版社は、大手の出版取次会社、要するに本の問屋を通して、書店に書籍を流す。このため、本の出荷や引き上げは取次店がコントロールする。マーケティング的な観点に立てば出版社は、取次店を通さず書店に直でおろしたほうが、出荷の数量や書籍の配置などをコントロールできる。しかし、大量の出版物を出荷している出版社が、全国の書店を相手にするのは困難である。取次店に任せざるをえない。こうして日本では、取次店が巨大化し、書籍の流通を牛耳る構図ができあがっている。

また書店にしてみても、取次店を通すことで、個々の出版社と対応する手間が省けて都合がいい。しかし、もちろんのこと、取次店を通すとそこで手数料を抜かれるので、書店の利益は薄くなる。一方、出版社と直販契約を結べば、書店の取り分は最初の契約次第で通常の倍以上の利益をあげられる。

だから書店としては、ほんとうは直販で本をさばいたほうが、手間がかかるが儲けは大きい。しかし、そこで問題なのは、ほとんどの出版社が取次店頼りで本を出しているので、直販契約を結ぼうにも「売れる本」の出版社が残っていないということだ。いくら儲けが大きくても、本が売れなければ、なんの意味もない。

というわけで、日本の書籍流通では、直販ルートはほとんど死滅しているといっていい状況だった。

つまり「私マーケティング」にとって直販ルートは、競争者のいない絶好の狙い目だったのだ。私のマーケティング感覚を刺激しないはずがない。

流通市場に風穴をあけ、3大直販出版社となる

ハウジングエージェンシーは知る人ぞ知るインテリア試験の最強出版社であり、『インテリアコーディネーター資格試験問題徹底研究』というベストセラー商品を持っている。

書店にやる気さえあれば、直販で取り扱ってくれる条件は揃っていたのである。そこで私は、当時受験講座を開いていた東京、大阪、名古屋などの書店にアプローチをかけた。

しかし、現状のやり方に慣れきっている書店の反応は芳しくなかった。

そんな中、最初に本を扱っていただいたのは、大阪・梅田の紀伊國屋書店と旭屋書店だった。

このとき私は、書籍を取り扱う決断を下してくれた担当者に感謝するとともに、さすがに商売の本場、大阪だと感心したものである。商売っ気のあまり感じられない書店という業態でも、「儲け」の嗅覚が並大抵ではないのはやはり大阪ならで

はだと思った。

先例を作ってしまえば、あとは比較的スムーズに直販店を広げることができた。各地の紀伊國屋・旭屋書店の店舗を手始めに、ライバルの大手書店も次々と直販契約を結んでくれた。

最盛期には全国２５０の書店に書籍を卸していた。

こうしてハウジングエージェンシーは、大手書店業界では有名な「３大直販出版社」のひとつに数えられるまでになったのである。

13. WIN-WIN関係を築く②
——他の出版社から自著を出す

インテリア試験関連の書籍をメインに据えて、書店の直販ルートを開発したハウジングエージェンシーだが、前述したように、全国くまなく小さい書店まで本を流すには取次会社を通さなければならなかった。

そこで私は、インテリア業界やインテリア試験の入門書を書いて、ビジネス書の中堅出版社から次々と出した。ほとんどが200ページ弱のビジネス書サイズの本である。出版社の社長が他の出版社から本を出すことに、首を傾げる人もいたが、これはそんな理由からだった

出版を引き受けていただいたのは次の各社である。

ダイヤモンド社、こう書房、オーエス出版社、PHP研究所、中央経済社、週刊住宅新聞社、日本エディターズ、ぶんか社、秀和システム、産能大学出版部、実務教育出版、ごま書房新社。

この出版は、ハウジングエージェンシーが一定部数の本を買い取るという条件で契約が結ばれた。要するに、自費出版に近いやり方だったので、出版社にとってはリスクが小さく、しかも筆者がインテリア講座で全国的に知られた会社の代表者ということで、かなりの売り上げが期待できた。ビジネス感覚のある出版社の経営者なら誰もが飛びつく「おいしい」話だった。

このとき本を出した出版社からは、その後も続編や姉妹編を出したことからも、

お互いのＷＩＮ－ＷＩＮの関係が知られよう。

14. WIN-WIN関係を築く③
――インテリア産業協会との関係

インテリア試験の主催団体であるインテリア産業協会（以下・産業協会）と私どもはＷＩＮ－ＷＩＮの関係にあったと考えている。

私としてみれば、インテリア試験という資格を立ち上げてもらったからこそ、会社は発展した。一方、産業協会にとっても、私どもの参入は大きなメリットがあった。つまり、試験の受講者が急拡大したのには、当方の力が少なからず貢献していたからだ。幸いなことに、当初の協会の理事はその点に理解があり、私どもとの良好な関係を保とうと配慮してくれた。

「協会のテキストを直販ルートで」という提案

直販ルートが整ってきたあるとき、私はふと思いついて、産業協会が「インテリア試験の参考書」として出版している『インテリアコーディネーター・ハンドブック（以下・ハンドブック）』を当方の直販ルートに乗せて販売させてもらえないかと協会に提案した。

『ハンドブック』は、インテリア試験がその本の範囲内から出題されるという、普通に考えれば「インテリア試験の標準テキスト」とうたってもよい出版物だった。そのため受験講座でも、『徹底研究』とともに、テキストとして受講生に備えてもらっていた。

しかし、『ハンドブック』は試験の「範囲」を示してはいても、その内容からすべての試験問題が出題される書籍ではなかった。インテリア試験は、建築から人間工学、インテリア商品の知識まであまりに幅広く、また、商品などは新しい情報が次々もたらされるので、この2分冊（当初は4分冊）の中にすべてを納めるのは不可能だったのだ。だから産業協会でもこの本を試験の「参考書」という微妙な扱いにしていたのである。

当初この書籍は、ある出版社が販売を引き受け、書店ルートを通じて一般書店に出荷されていた。ところがこの出版社が経営難に陥り、『ハンドブック』の取扱いも中止。協会からの直販だけに頼る時期が続いた。

そのころ書店の直販ルートが全国100店舗に達しようとしていたので、このルートに『ハンドブック』を乗せては、と協会に提案した。民間の一小企業が、政府関連事業（当時、インテリアコーディネーター資格は通商産業省〈現・経済産業省〉の認定事業だった）の書籍を扱うことには抵抗も大きかったが、『ハンドブック』の拡販に苦慮していた協会はこの申し出を受け、翌年から全国の有力書店での販売が始まった。

『ハンドブック』の販売が順調に推移したので、私はさらに「せっかくならインテリア試験の受験願書を書店でも買えるように手配したらどうか」と協会に提案した。これもなかなかスムーズには決まらず、2年ほどかけてようやく許可が下り、願書の書店販売がスタートした。以後、3分の1以上の受験生が書店経由で願書を入手することとなり、協会としても、受験生の拡大と事務手続きの大幅軽減という一挙両得で、私どもへの評価も高まった。

15. 顧客志向①
――アンケートで声を集め、直接相談に乗る

いま大きい飲食チェーンなどに行くと、テーブルにアンケート用紙が置かれていることがある。料理の満足度や店員の接客態度など、顧客の声を聞くためだ。

こういう光景を目にするようになったのは、最近のことである。

しかし、私はそれを40年前からやっていた。

顧客志向をうたうマーケティングでは、アンケートで顧客の満足度や疑問点などを聞くのは常識であった。アンケート結果から顧客のニーズを知り、それをもとに商品やサービスの改善につなげるのである。

これもまた教えられたとおりの「私マーケティング」の実践だった。

先に述べたように、受験講座では講師の質が最大の検討材料だった。

このため、アンケートも講師の評価が主となり、その他に、講座内容や運営への提案、希望、悩み事などを自由に書く欄を設けた。

そして、悩み事や不満をぶつけてきた受講生には、私が直接会ったり、電話をかけたりして、直接相談に乗った。

家に学校の校長から突然電話がかかってくると、みな一様に驚くが、それ以上に感謝され、受験勉強や仕事の悩みをうちあけてくれた。

このとき熱心にコンサルティングを受けた受講生が、いまＩＣとして立派に独り立ちし、私の周りに集ってなにかと手助けしてくれる。

これこそまさにギブ・アンド・テイクの実践であった。

16. 顧客志向②

――採算度外視で出し続けた『合格体験記』

インテリア受験講座の関係で、私が採算を度外視して出し続けた本がある。

インテリア試験合格者の『体験記』である。

合格者の生の声を集めることで、受験者の励ましとしたいという思いから、毎年合格者に対してアンケートを取り、合格体験記の執筆を依頼した。ほとんどノーギャラながら、毎年80～100名の合格者から原稿が寄せられた。

この種の本は、書店に並んでいてもあまり売れない。受験講座の教室で販売しても売れないことはわかっていたので、私は講座の受講生に無料で配布することにした。ほとんど「よけいなおせっかい」みたいなものであり、ボランティア活動だったので、社員からも常にやり玉にあげられていた。

しかし私も大阪で修行した人間のはしくれ、転んでもただでは起きない。

「よけいなおせっかい」こそ真の「顧客志向」だ

『合格体験記』は、合格ノウハウの宝庫である。ただ、読み手にとっては、他人の自慢話を聞かされるようであまり熱心に読む気にはなれない。

そこで、私が本書からノウハウをピックアップし、講座のオリエンテーションで受講生に伝えたのである。

例えば、2分冊で合計3キロもある『インテリアコーディネーター・ハンドブック』や、回を追うごとに厚くなった『徹底研究』は、いったんバラバラにし、テーマごとに閉じ直して、それだけ持ち歩いて勉強せよ、というような……。

こんなことは、実際に勉強した者、それも熱心に勉強して合格した者でなければ思いつかないアイデアである。

そんなアイデアが『体験記』にはあふれている。私がそれを受け売りして、おもしろおかしく受講生に伝えるのだ。

そのアイデアを素直に実践した受講生が合格し、さらに自分のアイデアを加えて、体験記にしてくれる。私の話のネタがまた増える。

これだけでも私は、大赤字の『合格体験記』を出し続けた意味があったと思う。『体験記』はまた、当然のことながら原稿を寄せてくれた人たちにも贈られた。

自分の原稿が本になる心地よさは、誰しも覚えのあることだろう。この本は、合格者にとってもよい記念になる。

こういった「おせっかい」なこだわりこそ、真の「顧客志向」でないかと私は思うのである。

17. シーズの開発 ――『徹底研究』と『合格テキスト』

マーケティングは売れる商品を作るための基礎データを提供し、その商品を売るための戦略、戦術を提供する。つまり、市場のニーズを商品開発や販売に役立てるのである。

しかし、マーケティングでいくら市場ニーズを拾い集めても、商品やサービスそのものに、それらに応えるだけの「質」がなければ人は集まらない。

市場のニーズに対して、企業側が商品やサービスを通じて提供する「質」をシーズ（種子という意味）という。早い話、電化製品であれば、新たに開発した新機能や特許技術のようなものである。

受験講座を受講する生徒のニーズははっきりしている。

「試験に合格すること」その一点である。

このニーズに応えるためには、ＨＩＰＳならではのシーズが必要だった。


ベストセラー『インテリアコーディネーター資格試験問題徹底研究』

創設時の受験講座を支えたシーズは、優秀な講師陣と、ベストセラー『インテリアコーディネーター資格試験問題徹底研究（以下・徹底研究）』だった。

『徹底研究』は、いわゆる「過去問題集」だが、編集の仕方が独特で、テーマごとに問題を分類し、問題文の中からキーワードを拾い出して、解説を施していた。

つまり、参考書にもなる問題集だったのである。

本書は、広島を拠点にＩＣの育成やインテリア試験対策の指導者として活躍している金堀一郎氏が当初執筆し、後に当方で執筆・編集を引き継いだ書籍である。

金堀氏は、広島で建築家として活躍されていたが、インテリアコーディネーター制度にいちはやく着目し、試験対策講座を開講してテキストなどを執筆されていた。頭が柔らかく、好奇心旺盛、興味がわくとどこにでも出かけていくという行動派で、私どもの試験対策講座の開講や問題集の出版にも尽力いただいた。

インテリア試験の開始当初、広島地区の受験者が、東京・大阪地区などと比べても圧倒的に多かったが、これも氏のなせる技だった。各地で、多いときには西日本地区10カ所以上の地域で対策講座を次々開講し、地元のテレビ局や新聞社と組むことでＰＲも大々的に行っていた。金堀氏はその後、安田女子大学教授を長く勤められた。

当時はまだ経験が十分ではなかった当方にも、ノウハウを提供していただき、その後長い付き合いが続いている。

心から尊敬している恩人であり同志の一人である。

盗用もされた秘伝教科書「合格テキスト」

『徹底研究』は優れた問題集ではあったが、所詮は借り物であり、また、「問題集」という性質上、講座のテキストとしては使いにくかった。また、産業協会の

『ハンドブック』はあまりに冗長でムダな記述も多く、短時間で1テーマを講義しきるのは難しかった。そこで講座開講当初は講師陣それぞれに自前のレジメを用意してもらい、それで講義を進めてもらっていた。

しかし、当然のことながら、各講師が作ったレジメはまちまちで、講座全体の統一感に欠けた。

講座全体で使用できるテキストの制作が急務だった。

そこで私は、講座の担当者と出版部の編集者の総力をあげてオリジナルのテキスト制作を命じた。

講座テキストのベースとなったのは、「過去問題」と協会の『ハンドブック』、そして受験講座のレジメだった。

制作スタッフは、すでに7回ほど実施されていた試験を1問1問分解し、テーマごとに分類、『ハンドブック』の筋立てに沿って並べ直した。これをストーリー化したものが基本となった。しかしこれだと、過去に出題された問題しかカバーできない。そこで、『ハンドブック』からまだ出題されていない部分を拾って加えた。読み物風の参考書である『ハンドブック』はムダな記述も多いので、試験問題にはならないだろう記述は大胆にカットされた。

『ハンドブック』が試験の「参考書」という扱いだったことはすでに述べたが、試験ではハンドブックに載っていない内容も出題された。

それには、各分野のプロフェッショナルである講師から情報を得たり、最新のインテリア情報を収集したり、建築や消費者関連の法規の改正に注意したりして対応した。

こうして完成した合格テキストは、現在にいたるまで受験生の強い味方となっている。

インテリアコーディネーター資格試験について

ここまで、私マーケティングと受験講座の関わりを述べてきたが、ここで少し時間を巻き戻して、インテリア試験がどのような経緯で行われたのかを振り返ってみたい。

インテリア資格の賛否

インテリア資格は、すでに数多くのインテリアコーディネーターが現場で働いていること、この資格が国家資格のような強制力を持たないことなどを理由に、業界も重視派と懐疑派に分かれた。

これまで住宅産業の下請けのような地位に甘んじていた住宅設備・建材業界や、

消費者向けの単品販売が主だった家具、照明器具業界などは、総じて重視派だった。それも当然で、インテリア産業協会を発足させた主力が、この種の業界に属する企業だったからだ。彼らはICを世に送り出すことが業界の活性化につながると期待していた。

一方、懐疑派が多かったのが、住宅、不動産業界、建築業界だった。つまり、ICを雇う側である。

これらの業界がIC制度の導入に消極的だったのは、インテリアは基本的には住宅の販売費の中に含まれるという考えが支配的だったからだ。消費者に住宅の予算にプラスしてインテリアの費用を請求するのは難しい。つまりICの活躍の場が限られていたのである。インテリアにこだわる一部の客層は、外注や社内の一部のICに任せれば十分だというのが通常の住宅会社、不動産会社の考えで、そのためIC制度にも消極的だった。それでも、当初からインテリアの重要性に気づいて自社の販促に取り込んだ住宅メーカーもあり、その代表的な企業である三井ホームは、インテリア産業協会でも主導的な役割を果たした。

それでは、そのころ次々と開校したり、インテリア科を新設していたＩＣ実務や知識を教える学校はどうだったかというと、私の考えでは、静観派が多かったように思う。つまり、試験は個人が勝手に受けなさいという放任主義の立場である。

その大きな理由は、インテリア試験が難しい試験だったことにある。また、インテリアスクールなどで教えるプレゼンテーションなどの実務とは、かなりかけはなれた学術的な内容であることも理由のひとつだった。つまりインテリアスクールの授業を真面目に受けているだけでは、試験は合格しないのである。

資格を推奨し試験を受けさせるなら、試験対策専門のカリキュラムを設けなければならない。既存のカリキュラムにそれを組み込むのは難しい。だからといって、受験希望の生徒から新たに授業料を取って対策講座を設けようにも、試験に合格させるだけのノウハウもない。

そのため、インテリアスクールの中には、「インテリア試験を受けて資格を取っても、実務には役に立たない」と公言するところもあった。

私の立場

賛否が分かれたインテリアコーディネーター資格だが、講座の主催者であるということを度外視しても、基本的に私は重視派の立場だった。

なぜなら、

①資格の必要性はマーケットが決める

「資格はひとり歩きするものだ」と、私は常々語ってきた。当初は必要性に疑問のある資格でも、資格者が世に出れば、その後は「資格がなければ……」という状況になる。マーケットが資格を育てるのである。

②入門者には必要な資格

すでにＩＣとして活動している人や、建築・インテリア系の学校に通っている人には資格は不要かもしれないが、これからその世界をめざす人々には必須である。就職先の企業も、資格は採用の基準となる。

③資格があるなら取っておけ

インテリア業界で働いている人にも、私は「そこに資格があるなら取っておけ」と勧めた。キャリアアップや転職に必ず役立つからだ。

④インテリア試験は実務に役立つ

インテリア試験は二次試験ではプレゼンテーション図面を描かせるが、一次試験は大学の期末試験のような学術的な知識が問われる。その内容は、建築から、人間工学、環境工学、家具、ファブリックス、照明などの多岐にわたる。「建築構造の知識などインテリア実務には必要ない」などとスクール関係者がかみつくのもわからないではなかったが、インテリア試験に合格して業界で活躍している人々に後から聞くと、「インテリア試験の内容は実務に役立つ」という意見で一致している。

識者が知識と経験を総動員して作り上げた「資格試験」は、やはり価値あるものだったのである。

インテリア産業協会と資格制度

インテリア試験の主催者である公益社団法人インテリア産業協会は、１９７８（昭和53）年にその前身である任意団体インテリア産業協議会が任意団体として設立され、８３（昭和58）年に、経済産業大臣の許可を得てインテリア産業界唯一の横断的組織として社団法人インテリア産業協会が設立された。

インテリア産業協会の代表的な活動は、インテリアコーディネーターの資格試験の主催運営であるが、その活動全体も、資格者を中心としたインテリアコーディネーターの支援、周知活動が大きなウェイトを占めている。

このように、インテリアコーディネーターの育成、支援により、インテリアの質を高め、需要を促すことが、インテリア産業の活性化につながるというのが、同協会の現在の狙いであるといえるだろう。

社団法人インテリア産業協会は、平成24年4月1日に公益社団法人インテリア産業協会として、公益社団法人へ移行し、現在に至っている。

「インテリアコーディネーター」の登場

当時のインテリア市場の問題点は、小規模生産とタテ割り流通によりさまざまな商品が個別に消費者のもとに供給され、その結果、消費者が獲得するインテリアは商品の寄せ集めによる統一性のない空間となっていたことにある。

住生活の質的向上が求められる時代状況にあって、インテリアも「インテリアエレメントの単なる寄せ集めではなく、全体性（トータリティ）を目標とした、部分の構成（コンポジション）でなければならない」（インテリア産業振興対策委員会　昭和51年度報告書）とされた。

この「トータルインテリア」を実現するための人材として、育成がめざされたのが「インテリアコーディネーター」なのである。

「インテリアコーディネーター」という名称は、1974（昭和49）年の同委員会の中間報告書『インテリア産業の現状』にはじめて登場する。

同報告書は、当時なんの資格もなかったインテリアデザイン（当時の言葉づかい）に携わる者の立場を明確にすることが必要であると訴えているが、その中で「住宅関連商品の選択を代行し、インテリア・コーディネーターとして適切な住宅環境を整える業務を代行する仕事」と明記されている。

「インテリアコーディネーター」の記述は、報告書の中でこの1カ所だけだが、「適切な住宅環境を整える業務を代行する仕事」であり、「住宅関連商品の選択を代行する」職能として、あえてそれまで現状分析してきた「インテリアデザイナー」を避けてこの名称を取り上げたところに、建築寄りのデザイナーから、「商品選択」というインテリアエレメントの生産・流通サイドの職能の確立を示唆していることがうかがえる。

その後、委員会はこの「インテリア・コーディネーター」の位置づけや職能を徐々に明確にしていくが、1982（昭和57）年の「インテリアコーディネーター資格制度に関する提案」の中間報告で、「インテリアコーディネーターは、インテリアエレメントに関する豊富な知識を有し、それらを統合して豊かで住みよい住まいをつくるための助言と提案のできる人材」であると定義している。

試験制度の発足

この中間報告に盛り込まれた項目内容について、資格制度の実施機関に対して示される具体的な指針を作成することを目的として、1982（昭和57）年7月、インテリア産業振興対策委員会人材育成専門委員会が設置された。委員会は、中間報告書にある記述項目を「インテリア販売」「インテリア基礎」に整理して、11小項目に分類し、「インテリアコーディネーターの資質・能力及びコーディネーター育成のための教科内容」として中間報告をおこなっている。

資格制度実施に向けて具体的な作業が進行する中、83（昭和58）年11月14日付け通商産業省告示427号により「インテリア計画に係る消費者相談業務に関する知識及び技能審査事業認定規定」が告示され、同年12月、社団法人インテリア産業協会によるインテリアコーディネーター資格試験の実施が認可された。

昭和59年3月18日、第1回一次試験（昭和58年度試験）が東京、大阪で開催され、4760名が受験した。

インテリアコーディネーター資格試験は第8回（平成2年度）試験の時、受験者数1万人を越え、その後何度かの制度改正を経て現在に至っている。

資格制度関連事業の立ち上げとめぐりあった恩人たち

ここで、インテリア試験の受験講座を立ち上げるにあたって、お世話になった方々にふれておきたい。

インテリア関連事業の発足にあたっては、多方面の方々にご尽力いただいたが、中でも元千葉工業大学理事の小原二郎氏と、初代の（社）インテリア産業協会の会長を務められた元三井ホーム（株）会長・岡田徳太郎氏のお二方には、一方ならないお世話になった。

小原二郎氏は学識経験者の立場から、日本のインテリア産業を近代化に導かれた第一人者であり、当時はインテリアコーディネーター資格制度の基礎となる骨格作りに精力的に取り組んでおられた。住宅関連の研修旅行で、偶然知己を得た私は、小原氏の学際人脈を通じて、インテリア関連書籍の執筆者や受験講座の優秀な講師を多数ご紹介いただいた。

私が昭和60年代に工務店の経営者等を集めて主宰した「アメリカリフォームツアー」には、コーディネーターとして研修を主導していただいたが、十日間の長丁場を疲労の色も見せず早足ですたすたと歩かれたそのかくしゃくとした姿に驚かされた記憶がある。

岡田徳太郎氏は、実業の面でのインテリアコーディネーター制度の生みの親であり、インテリアコーディネーターを世間に認めさせた最大の功労者と言っても過言ではないだろう。三井物産の南米勤務が長かったが、三井不動産に引き抜かれて三井ホームを立ち上げた。

岡田氏は、商社マンとして活躍された発想力、行動力、豊かな海外経験で、インテリア制度の発足をリードされた。また、社長、会長を勤められた三井ホームは、ご存じの通り、住宅メーカーとしてインテリアコーディネーターを育成した最初にして最大の企業であり、岡田氏が「実行の人」であることを物語る実績である。

村上英子さんとの出会いも忘れられない。

村上氏は、三井ホームの岡田徳太郎氏が、インテリア、リフォームの専門会社三井デザインテックを立ち上げたとき、取締役に抜擢した唯一の女性である。日本のインテリアコーディネーターのパイオニアの一人であり、特に、最盛期300名以上配属されていたコーディネーターを束ね、企業内でのインテリアコーディネーターのあり方を確立された方でもある。

私がインテリアコーディネーターのために発行し、15年間続いた会員制の媒体「月刊インテリア情報」に3年間連載され、それをもとに『インテリアコーディネーターをめざすあなたへの26章』という書籍にまとめていただいた。

この本は、出版直後から、三井デザインテックにインテリアコーディネーター希望者が殺到するという事態を引き起こし、いまでも語りぐさとなっている。

著者書籍一覧(2)

図解
住宅産業
のすべてが一目でわかる本
◉低成長時代に期待できる超有望産業の解明
三島俊介

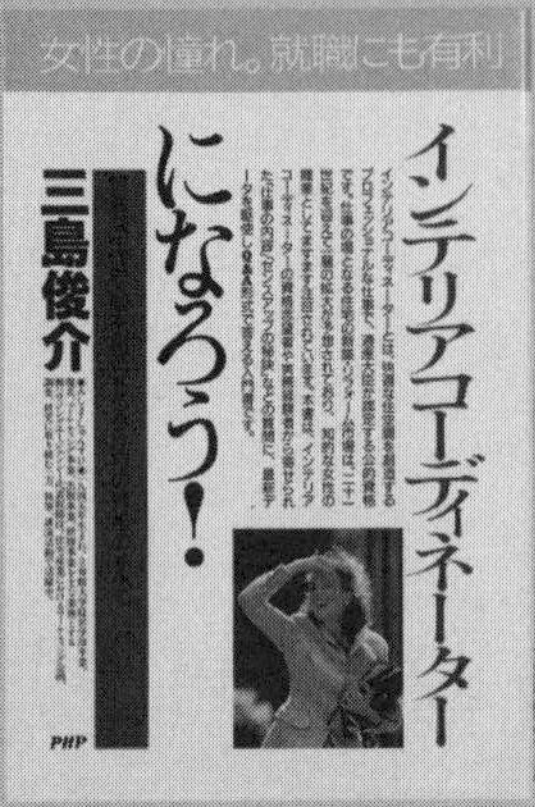
女性の憧れ。就職にも有利
インテリアコーディネーター
になろう！
三島俊介
PHP

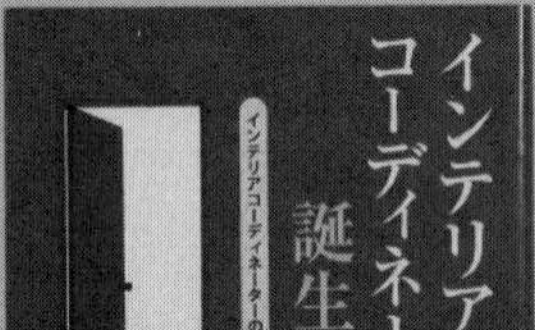
インテリアコーディネーター誕生物語
インテリアコーディネーターの誕生から現在まで
三島俊介
「日本のインテリア」を
発展させた
インテリアコーディネーターの
誕生から現在までを
綴った誕生秘話。
筆者渾身の永久保存版！
ハーベスト出版

厳選38組のインテリアワーク・コレクション
インテリア
コーディネーター
名鑑
2014
三島俊介 監修
フリーの
インテリアコーディネーター38組の
プロとしての仕事がすべてわかる！
ハウジング エージェンシー

第3章

私マーケティング深化編

——私マーケティング流生き方を伝える

私マーケティング流ＩＣ支援

インテリアコーディネーターの応援に乗り出す

インテリアコーディネーター資格試験制度を足がかりとして、ハウジングエージェンシーとＨＩＰＳはブランド力を高めていった。

インテリア資格をめざし、受験講座を検討している人から、ときどき聞かれたのが、「資格を取った後、就職先を世話してもらえますか」という声だった。

また、この種の受験講座を批判する人々がよく口にするのが、「資格を取らせるのはいいが、後のフォローがない」というものだ。

それはお門違いである。

「就職先を紹介する」のは、実務教育を主体とする専門学校やインテリアスクールが掲げる目標である。また、資格取得者のその後のフォローを行ってほしいのは、インテリア試験の主催者である。

受験講座はあくまで資格獲得が目標であり、それ以上のものではない。

それに、インテリア資格を取得すれば、ちょっとした学校を卒業しているより、就職は格段に有利になる。だから、まずは資格取得に集中するようにと、オリエンテーションでも私は勧めた。特に、建築やインテリアの学校に通った経験のない人たちには、「インテリアの実務は就職してから習えばよい、いまは資格が優先だ」と強調した。

しかし、インテリア市場を見ていると、私自身も安閑として資格取得者を送り出していられる状況ではなくなった。

これまで述べてきたようにインテリア業界はニッチ市場である（「インテリアの商材」市場は膨大である。しかしそれがインテリアコーディネーターに結びつかないということ）。

１９９０年に盛んだった企業系のインテリアスクールは、自社のインテリアの人材を育成することを主眼としていたが、やはり受け皿がそれほどなかったのであろう、いまではほとんど残っていないし、企業自体がなくなってしまったところもある。

他のスクールが激減したせいかどうかはしらないが、生き残った独立系のインテリアスクールは、比較的堅実に就職先を確保している。昔からあるインテリアデザイン系の専門学校は、建築、店舗デザイン、工業デザインなど、幅広く市場を設定しているので就職先には困らない。

しかし、もしインテリア市場に受け皿が豊富であったなら、これらの学校はもっと増えていてもよさそうだが、そうはなっていない。つまり、現状でパイはいっぱいいっぱいなのである。

インテリア試験の主催者であるインテリア産業協会も、市場を盛り上げるためにさまざまな活動をしているが限界がある。

早くからICの市場の小ささを予測していた――というか、だからこそこの市場に参入した私は、インテリア試験が資格者をどんどん世に送り出してもその先は厳しく、受験者にもしだいにそれが知れてくるだろうとわかっていた。

当初は受験講座を軌道に乗せるため必死だったので、なかなか他のことは手につかなかったが、ＨＩＰＳのブランドがある程度浸透してきたころから、インテリア資格者の次のステップについて親身に考えるようになった。

私マーケティングを伝える
――インテリア業界で勝ち残るには

インテリアというニッチ市場で、資格取得者がどう生き抜くか。難しいテーマである。

協会やスクールもそれぞれのやり方でＩＣを支援していたが、私は、どうせやるなら他の機関とは違う独自の方法で資格者を応援したいと思った。

どうするか。

その答は簡単だった。「私マーケティング」の生き方を、資格者にも勧めるのである。

ソフトを売り、ニッチ市場で勝負するインテリアコーディネーターは、私が展開してきたビジネスモデルそのものである。そして、そのビジネスを成功させるには「私マーケティング」が必要だった。

2章で紹介したように、インテリア試験には当初は「マーケティング」という項目があり、試験の主催者や出題者も、インテリア業界に同様の期待を抱いていた（と私は考えている）。

ＩＣ志望者がみな「私マーケティング」の観点を持ち、マーケティング感覚で仕事に当たれば、インテリア業界の将来は明るい。そう考えて私はＩＣの応援を始めた。

「私マーケティングを勧める」という方針は簡単に定まったが、その具体的な方法となると、やることは山ほどあり試行錯誤が続いた。

以下、まずは「私マーケティング」をＩＣ応援にどう応用したかをまとめ、その後、具体的な活動を紹介していくことにする。

1. 私マーケティングのススメ①
――独立せよ、プロになれ

「私マーケティング」とは、マーケティングを知識として蓄えるだけでなく、「私自身がマーケティングを生きる」ことである。

マーケティングを生きるためには、会社勤めの身の上では自由がない。

マーケティングの調査会社に勤めていた私は、「他の会社のためにマーケティングをしてあげる」ことにうんざりし、自らマーケティングを生きる決意を固めて会社を辞めた。

ＩＣもまったく同じことだ。

インテリア試験で身に付けた知識や、インテリアスクールで学んだ技能がまるごと活かせる会社は少ない。

ＩＣとして思う存分活動するにはやはり独立してほしい（ただ、勤め人であっても、能力を十分活かせる職場はある。そのことについては後ほど触れる）。

インテリア試験が始まる前から、プロとして活躍していた人たちと接していたことから、ICはフリーとして十分やっていける職業であり、また、フリーでやったほうが自由に楽しくできる仕事だと、私は見ていた。

そこで資格取得者には、当初から受験講座のオリエンテーションなどで、「最終的には独立せよ、プロになれ」と勧めてきた。

その目標の実現のためだったら、私はいくらでもアドバイスできる。私自身の経験を伝えればよいのだから。

2. 私マーケティングのススメ②
――目標達成のための第一歩

独立、プロICが最終目標だとしても、資格を取りたての新人がいきなり「今日からIC事務所を始めます」と宣言しても客は来ない。

私だって、最初は勤め人だった。目標を常に見据え、そのために必要な知識や技術を会社から吸収したのである。

そこで私は、資格を取ったら、「まずは行動せよ」と強調した。特に、インテリア実務の未経験者には、仕事内容が不満足だったとしても、とにかく資格を活かして関連業種に就職しなさいと勧めた。

インテリアの実務経験のない人にとって、インテリア全般を取り扱える職場に就職するのは難しい。

家具店やインテリアショップの販売員などは、比較的募集の多い働き口かもしれない。しかし、そこでの仕事はインテリア全般の知識と技能を身に付けた人にとっては物足りないだろう。

私はそういった仕事を決して軽く見ているわけではない。実際その後、一般社団法人日本ライフスタイル協会という団体を設立して「リビングスタイリスト」というインテリア関連商品の販売員の資格を作ったくらいで、ＩＣ資格者の就職先として重視していた。

インテリアショップの販売員としてスタートし、そこの仕事が肌に合えば、その場でキャリアアップすればよい。また、本来の目標であるＩＣをあくまで目指すなら、そこでビジネスの経験を積み、ステップアップすればよい。また、独立してインテリアショップを自ら立ち上げ、オーナー兼ＩＣとなるのも有力な進路である。

実際、ＩＣ資格者の進路を追うと、ファブリックのショールーム、家具店、システムキッチンの販売店などに勤め、その後、自分で店を持って活躍している人はたいへん多い。この種のショップが、ステップアップのきっかけとして適していることがよくわかる。

私は自分自身がそうであったから、「まずは行動する」人を積極的に応援した。そのため、雇い主には迷惑だったかもしれないが、ステップアップのための転職もおおいに勧めた。

最初の勤め先でビジネスのきっかけをつかんだり、吸収すべきことはすべて吸収したと感じたら、次のステップに進むのをためらうべきではない。

自分の決断で行動して失敗したなら諦めもつき、再出発することも可能だが、行動せずに過ごしてしまった後悔はいつまでも残る。

「行動せよ」

かけがえのないあなた自身の人生なのだから。

3．サービス業の自覚
――おもてなし業であることを忘れるな

インテリアコーディネーターはサービス業であり、おもてなし業である。

インテリア試験でも強調されることだが、「ICはデザイナーではない」とよく言われる。

「コーディネーター」と「デザイナー」の職能の違いは明確に定義されているわけではないが、デザイナーはどちらかというと「アーティスト」に近い職業だとみなされている。つまり、自分の世界観を顧客にも共有してもらうのがデザイナーである。インテリア試験の参考書には、「ICは『作品』を作ってはいけない」と書かれている。

「作品」を作ってその世界に客を引き込むのがデザイナーであり、店舗デザインなどではその才能が活かされる。一方、専用住宅を扱うコーディネーターはあくまで顧客中心。顧客の望む空間を実現するのが仕事だ。例えば、顧客の指定した色づかいが部屋の調和を乱すと感じても、顧客が望むなら、ＩＣはその色づかいの範囲で室内の調和を実現しなければならない。

それらをふまえて、私はＩＣ志望者に対して、この仕事がサービス業であり、おもてなし業であることを忘れるなと常に言い続けてきた。おもてなし業であるからには、まず顧客に対する「礼節」を重んじなければならない。

ここに１９９９年に私が作った書類があり、それには「ＩＣの心得15か条」が記されている。

20年前に提案したことだが、言いたいことはいまでも変わらない。

・おごらず謙虚に、腰は低くする。
・礼儀正しく、言葉づかいには気をつける。
・いつでも手紙を書ける習慣をつける。
・専門用語を無駄に使わない。
・相手の立場で物事を考える癖をつける。
・約束は必ず守る。できない約束はしない。
・小さな気配りを忘れない。
・チームワークで働いていることを認識する。
・オンリーワンの得意分野を持つ。
・一度縁があった人を大切にする。
・常に情報感度を高める努力をする。
・自分をプロデュースする能力を高める。
・短期の目標を明確にする。
・フットワークを良くし、自ら体験者、生活者になる。

・自分の将来に長期的な展望を持って、成功への努力を惜しまない。

ご覧のとおり、前半はほとんど「礼儀」に費やされている。

現代人には古くさい教訓のように感じられるかも知れないが、これらは同じサービス業に携わる私が常に心がけていることでもある。

この「心得」を発表して十何年か後のことだ。

神奈川在住のＩＣ田村久美子さんが私のもとを訪れ、当時配布されたという「心得」を私に見せ、「私の座右の銘としている」という。

私はこのような「心得」は常に更新しているので、正直、当時発表した内容は忘れていた。

ところが田村さんはこれを常に携帯し、戒めとしているというのだ。

私自身の心がけを理解していただいたことに感謝しつつ、だからこそこの方は厳しいインテリアの世界で勝ち抜いているのだと確信した。

おもてなし業であることを忘れるな——それを私は声を大にして言ってきたの

である。

4. 利潤志向
――しっかりお金を稼げ

マーケティングの４大コンセプトというものがあり、それは「顧客志向」「利潤志向」「統合努力」「社会志向」だが、そのうち「利潤志向」は、仕事をするからにはちゃんと利益をあげろ、つまり、お金を稼げということである。

「当たり前ではないか」と思われるかもしれないが、サービス業、おもてなし業では、ここのところが忘れられがちだ。どこかのファストフードの「スマイル無料」ではないが、日本では「サービス無料」「おもてなし無料」と見なされる傾向が強いのである。

インテリアの世界は特にその傾向が顕著だ。

わかりやすい例を挙げよう。

ＩＣ資格者の就職先のひとつに、住宅会社のインテリアアドバイザー（各社で名称が異なる）がある。ＩＣのホームグラウンドである「住宅」の「インテリア」の「アドバイザー」であるから、それこそ最高の就職先だと考えられがちだが、ちょっと違う。

インテリアアドバイザーの仕事は、住宅の契約者に対するインテリア相談が主であり、ＩＣの仕事そのもののように見えるが、大きく異なることがある。それは、住宅会社の多くが、この仕事を無料で顧客に提供している点である。つまり、日本的な意味における「サービス」なのだ。もしかしたら見積書の中にそういう項目があるのかもしれないが、少なくとも顧客には「無料（サービス）」と認識されている。

そしてそのアドバイスは、決められたカタログの中から壁紙やクッションフロアを選んだり、数種類のアイテムから浴槽や洗面台を選んだりすることであり、「アドバイザー」が起用される以前は、営業社員が受け持っていた仕事だ。

顧客が「本格的な」インテリアを希望するなら、オプションで別料金となり、相談に出てくるのは社内の一握りの「インテリアコーディネーター」か、外注のプロICである。

予算ギリギリで住宅を購入している顧客の多くは「オプション」を選択せず、「標準（つまり無料）」のインテリアで満足する。

住宅会社の「インテリア」とはほとんどがそんなものである。

住宅計画において「インテリア」にお金を払ってもらうのは、たいへん難しいことなのだ。

昔のことだが、ある住宅会社のICがこぼしていたことがある。

「私の会社では、ICのフィー（設計料）として5万円を頂戴していますが、お客様の中には、私が一生懸命作ったプレゼンテーション資料一式を、インテリアコーディネーションの費用を請求しない他の会社に持っていって、『同じものを作ってほしい』と言う人がいます。それがくやしくて……」

このICの気持ちは、私は痛いほどよくわかる。

たった5万円でも、ソフトやサービスに金を払うのは嫌だという客は多いのである。それはソフトやサービスを売る商売の宿命なのだ。

そういうわけで、私はＩＣ志望者に対して、「タダ働きするな。自分を安売りするな。しっかりお金を稼げ」と常に言い続けてきた。

しかし、ただ言いっぱなしだったわけではない。

どうしたらＩＣがビジネスとして確立するかを必死で考えてきた。

その結果得た結論、つまり、ＩＣが確実に稼ぐ方法は、やはり「私マーケティング」のノウハウがベースになっていた。

いくつかを紹介しよう。

5. 競争しない①
――リフォーム・リノベーションに早くから着目

私が会社を興したときも、インテリア業界に参入したときも、「競争しない」というスタンスを取り続けたことは、これまでに何度も述べている。

ＩＣという新参者が市場に地位を占めるには、競争相手が少ない場所を見つけてもぐり込むのが一番の近道である。

先ほど住宅会社のインテリア事情で触れたが、多くの新築住宅では、インテリアコーディネーションを「有料で」申し込む顧客は少ない。住宅会社も、そこで積極的に利益をあげる気はないから、顧客に余計な出費はさせない。「無料の」インテリアは、アドバイザーや営業マン、設計士などが受け持つ。

つまり新築住宅の場では、インテリアを積極的に勧めない住宅会社の営業マン、無料のインテリアを提供するアドバイザーや設計士等が、ＩＣの「競争者」となるのである。

住宅会社自体が「競争者」であり、進路をはばむ「壁」なのだ。この壁を打ち破るのは困難である。また、オプションのインテリアを担当するＩＣは、選び抜かれたエリートであり、この人たちとの競争も新人にはハンデが大きすぎる。

そこで私が注目したのが「住宅リフォーム」である。

リフォームはICにふさわしい仕事

私がインテリア業界に参入したころ、住宅リフォーム市場は、新進の企業が方々で産声をあげる混沌とした市場であった。

だからこそ私はこの世界こそICが先鞭を付けるべきだと考えた。ICが割り込む隙間の少ない住宅業界に比べて、リフォームなら、これからICが活躍できる余地がある。世間がまだリフォームに注目していない当初から私は、そう訴えていた。

しかもリフォームは、新築住宅などと比べて、ICにこそふさわしい仕事なのである。

先にも述べたように、新築住宅の計画において、ユーザーはとにかくまずシェルターとての構造体を作ることに集中する。ローンを組み、ぎりぎりの予算で「箱」を作ると、たいていのユーザーはそこで力尽きる。そうでなくても、家造りには意外に余計な出費がかかる。

以前、ある統計を見せてもらって驚いたことがある。

それは、「家を建てるときについでに何を買うか」というデータだった。

金額で集計した第1位はなんと自動車だった。

もちろん単価が高いからそういうことになるのかもしれないが、家を建てるとき、ユーザーは気分が大きくなって「ついでに」クルマを買ってしまう傾向があるようなのだ。

この話題はおもしろかったので、しばらく受験講座のオリエンテーションでも使わせてもらっていたが、このように新築住宅の計画では、直接関係のない出費がかさむ。そうなると、住宅設計の中でプラスアルファの要素となるインテリアはどうしても後回しとなる。

心地よいインテリアは人間の感性を豊かにする。しかし、人間いざお金を払うとなると、まず実用的なものからということになる。たいして関係のないクルマを買うという行動も、そんな人間心理から生まれるのだろう。

ところがリフォームは、新築住宅のプラスアルファの部分から始まる仕事なのである。

「生活を便利にしたい、豊かにしたい」というニーズがリフォームのきっかけだ。その多くは、温水洗浄便座が壊れたので換えたいとか、高齢者と同居するのでバリアフリー仕様にしたいといった実用的なニーズであろう。

しかし、建築躯体にかかる費用から開放された分、自分好みの住宅を実現するための投資に余裕ができる。

マンションリフォームなどは、特にその傾向が強い。

これこそＩＣにふさわしい仕事である。

大手リフォーム会社の営業所に勤務する松本郁里さんは、社内でＩＣとしての地位を確立している。

リフォーム店には、「雨漏りを直して」「トイレを温水洗浄便座に換えて」といったレベルの仕事から、本格的なリフォームまでさまざまな相談が寄せられる。営業所ではそれらの仕事を振り分け、修繕や改修は技術系の社員が担当し、本格的なリフォーム、リノベーションは松本さんに回ってくる。

ＩＣに独立を勧める私が、「勤め人としても能力を活かせる場が十分にある」と言ったのは、例えばこういう職場である。

どんな環境でキャリアアップするかは、各人の適性により判断するとよい。

キャリアスタートにも最適

リフォームはまた、インテリア関係の学歴や職歴のない資格取得者が、最初の就職先として選ぶ職場としても適している。

資格登場以前、ＩＣになる人は、建築系の学校や芸術・デザイン系の教育機関の出身者か、住宅会社や工務店に就職してたたき上げた人材が多かったが、資格がスタートすると、文系の学校の卒業生、まったくの異業種からの参入者が増加した。

そういう人々が最初の就職先として選ぶのにリフォーム会社は適している。

東京でマンションリフォームの会社を興し、ＩＣスタッフをかかえて活躍している滝脇里佳さんは、コンピュータ会社の営業社員時代にインテリア資格を取得した。実務経験もなかったので、「資格」を生かして、まずは都内の地域密着型のリフォーム会社に就職した。リフォーム会社では顧客の相談から設計、工事管理まで一人でこなさなければならず、自然と技能が身につく。そこで腕を磨いて独立を果たしたのである。

インテリアに興味はあったものの外国語大学に進んだ大阪の桶屋かおるさんは、結婚後住宅アドバイザーの仕事に就いたのをきっかけにこの道へ。設計会社などで働いた後、リフォーム会社の店舗を任されるまでになった。その会社が店舗を閉鎖するとき、地域の顧客から「やめないで」と請われ、経営者として店を引き継ぐこととなった。やはり「リフォーム」が成功のきっかけとなったのである。

このように、駆け出しのICがリフォーム業界に入り、そこで育っていったのは、「就職しやすい」という状況もさることながら、ICの仕事としてふさわしい職場だったからである。

結果、現在私と交流のあるプロICの大半が、リフォームを主業務として活躍している。そしてこの方々は、自分たちの携わるリフォームを、単なる修繕や改修と区別するために、近年「リノベーション」という言葉を使っている。「リノベーション」は、新参者のICが、リフォーム業界でこつこつ実績を積み上げてきた成果であり、勲章であるような気がする。

6. 競争しない②

――複数資格取得のススメ

リフォーム業界に進むにしても、その他の就職先を求めるにしても、IC志望者に対して私は、インテリア資格以外に複数の資格を取るように勧めてきた。資格は自身のレベルアップにつながるとともに、周囲の見方が違ってくる。顧客に対する信頼度が変わってくるし、就職に際しても強い味方となる。キャリアアップのためには、資格はいくら取っておいてもムダではないのである。

建築士、宅建士、キッチンスペシャリスト、マンションリフォームマネジャー、インテリアプランナー、福祉住環境コーディネーター、カラーコーディネーター検定等、ＩＣの周辺には多数の資格がある。ほとんどの資格について、私も受験対策講座を開講してきた。商材販売、リフォームコンサルティングのために私自身が作った、リビングスタイリスト、リフォームスタイリストという資格もある。

仕事に忙殺されて時間がないのでもないかぎり、なるべくたくさんの資格をとっておけと私は勧めた。

その中でも特に押したのが建築士資格である。

建築士資格をサブとする生き方

ご存じのように建築士は国家資格であり、建築設計を業とするには不可欠の資格である。

ＩＣの仕事には必ずしも建築士資格は必要ではない。リフォームも、大規模な増築や改築がなければ、資格者でなくてもできる。それに建築士を受験するには学歴や職歴など、受験資格というやっかいな壁もある。

それでも私は資格取得を勧めた。建築の専門学校に通うなり、工務店やリフォームの設計事務所などに勤めて設計補助を務めれば受験資格は取得できる。

受験勉強は一種の「競争」である。しかし、これは自分との戦いであり、社会に出てから経験する他人との駆け引きはない。ここで頑張って自分との戦いに勝っておけば、社会で無用な競争を避けることができるのである。

その中でも建築士は最も強力な武器となる。

ただ私はＩＣに、建築士資格はあくまでインテリアの仕事に役立てるためのサブであることを忘れないようにと言った。だから、高層ビルの設計もできる一級建築士まで取得する必要はなく、低層住宅の設計が主の二級建築士でとどめておいたらどうかとアドバイスした。

というのは、建築士を取得して建築設計ができるようになると、そちらに惹かれる傾向があるからだ。

建築設計はインテリア計画と比べて多大な時間と労力を費やす。インテリアはどうしてもサブの位置づけとなってしまう。インテリアの世界をめざして業界に入ってきた人にはストレスのたまる仕事となるだろう。

リフォーム等で建築設計を必要としない仕事でも、建築構造や設備配管など、建築図面を読む力は必要であり、造り付けの収納など基本的な製図能力は必須であり、建築士の資格が役立つ。

しかし、あくまでインテリアをやりたいなら、建築設計には傾倒しないほうがよい。

島根県でフリーランスとして活躍する長浜利佳さんは、住宅や店舗、宿泊施設などのリフォーム、リノベーションを主に手がけているが、建築士資格を所有しているのでゾーニングやプランニングから関わり、顧客の希望により深く沿うことができる。しかし建築士資格は、あくまでリフォームをより高いレベルで達成するためのサブととらえている。こういう考え方のICは多い。

鳥取県の小西裕美さんは、工務店の設計部門でキャリアをスタートしたため、建築設計はお手の物で、建築士の受験資格（職歴）も有しているが、あえて資格は取らなかったという。それはインテリアの仕事が好きなので、ICに集中するためだ。現在小西さんは、自身でリフォームの依頼を請け負う他、地域の有力工務店と提携してインテリアを引き受け、その工務店のブランド力イメージを高めるのに貢献している。住宅の設計においてもＩＣの視点が必要だと考える小西さんは、工務店の建築士が設計コンペに臨む際にもアドバイスをして成果をあげるほどだが、あくまでも自分はＩＣであるとして分を心得ている。

インテリア、リフォームの仕事に絞れば、数多くの顧客に対応できるし、そうすれば自身の顧客のデータベースも充実する。そして、さらに質の高い仕事ができるという好循環が生まれるのだ。

建築設計を主とする生き方

一方で、逆の考え方もある。

建築士がレベルアップを求めてインテリア資格をとるという場合である。

東京の伊丹弘美さんや、神奈川の大友綾子さんは、建築出身でインテリア資格を取ったケースである。

いずれも建築設計を主業務としており、伊丹さんはそのかたわら大学で教育コーチに就任し、建築学会に論文を発表して高い評価を得ている。大友さんは、地域のショップオーナーや工芸家らと交流を深め、活動を広げている。

小西さんの例でもわかるように、建築設計にもインテリアの視点が必要である。家族の生活への細かい配慮が設計に反映されるのである。

「アーティスト」に近い有名建築家とは違う、依頼主に寄り添った建築を生み出す力がインテリアにはあるのだ。

インテリア、建築設計いずれを主とするにせよ、複数資格がＩＣのキャリアアップにたいへん役立つことは理解していただけるものと思う。

7．競争しない③
――得意分野でオンリーワンを目指せ

得意分野を作り、オンリーワンを目指すのも、「競争しない」戦略のひとつであり、20年前の私の「心得」にもそのことは書かれている。

ＩＣの得意分野作りで代表的なのは、「特定のスタイルやテイストを極める」という道である。

先ほど、「ＩＣはデザイナーではない」と言ったばかりだが、この「特定のスタイルやテイストを極める」というやり方は実はデザイナー的な道である。自分の好きなスタイルを極めてテレビや雑誌で注目されれば、そのスタイルに共鳴する顧客が全国から集まり、たちまち人気ＩＣとなる。

特に現代はネット時代であり、「ＳＮＳ映え」するインテリアは、ネット民族の注目の的である。インテリアはニッチ市場を相手にしており、飲食店のように何千、何万という人に見てもらう必要がないので、少数の人々に関心を持ってもらえば十分である。さらに、その種の「少数の人々」は、自分の好みのスタイルを探すために一生懸命ネットを検索するものであり、一度注目を集めれば、顧客はとぎれない。

特定のスタイルとは、例えば、「エレガントなお姫様スタイル」「ダークなゴシックスタイル」とかそんなものだが、実際、こういうスタイルで人気を集めているICが私の身近にもいる。

このような有名人志向のICに適しているのが、コンテストへの挑戦である。私に依頼されて本を出版した清田直美さんは、テレビのコンテスト番組で優勝して名を上げた。また、アメリカのコンテストでの受賞歴をひっさげて、大阪で窓回り装飾の店を経営し、活躍しているICもいる。

コンテストへの参加は、「競争しない」という私マーケティングの戦略には反するが、インテリアのコンテストは意外に応募者が少ないものもあり、センスに自身を持っていて、実力を試してみたい人にとっては、ある意味競争の少ない「ニッチ市場」である。挑戦してみることにやぶさかではない。

特定分野のパイオニアとなる

ネットで人気者になったり、コンテストで優勝したりという派手な活躍に対して、私好みの堅実なオンリーワン戦略は、狭い特定分野への一点集中作戦である。

例えば東京の水口真理子さんは、医療機関のインテリアをつきつめてブレイクした。

あるとき水口さんが私のところに来て、「これから医療機関のインテリアを極めたいと思っていますが、どう自分をプロモーションしたらいいかわからないんです」と相談を持ちかけた。

私が「本を書いてみないか」と勧めると、彼女は素直にそれに従い、自費出版で『インテリア医学』という本を出した。

出版を機に彼女はぐんぐん頭角を現した。

歯科医の業界紙で連載を持ち、次々と医療機関のインテリアで実績を積み上げていった。その結果、2018年のグッドリビングショーでは、「インテリア医学」の第一人者として大会の主役となった。

医療機関のインテリアは、意外に見過ごされていた分野である。ホテルや店舗のデザインと違い、デザイナーが自分の世界観を展開して客を集めるというタイプのインテリアではないからだ。

医者としては、患者にやすらぎと明るい希望を与えたいと願うから、どうしても装飾を控えた無地の白っぽい室内になりやすい。それは「インテリア」とも呼べないようなしろものであり、当然のことながら、コーディネーターのような人材は必要とされない。

そこで水口さんは、五感を通じて医院を訪れる人の健康を増進するインテリアを提案し、医院のリフォームを勧めた。

医療環境を向上させる音響機器や照明機器、ボタニカルアートなど最新の機器があると、その会社に出向いて取材し、顧客に紹介するとともに自分の引き出しを充実させた。

これこそまさに「住む人のために最適な空間を提供する」というインテリアコーディネーターの仕事である。

水口さんの成果は、競争しない一点集中マーケティングのたまものである。

8．競争しない④
――視野を広げよ、インテリア実務にこだわるな

私はＩＣを応援してきたが、必ずしもその人が「インテリアコーディネーター」として成功することに固執していたわけではない。

むしろ、インテリアを軸として経験を積みながら、視野を広げていろいろな業界を見聞きし、もしその仕事が自分にふさわしいと感じたら、インテリアから離れてその世界に身を転じてもよいと考えていた。「6」で紹介した建築士＋ＩＣなどはその好例といえよう。

私自身、最初は住宅会社相手の小規模なイベント、出版事業で生きていくつもりだったが、インテリア市場に勝機を見出して転身した経験がある。

人生設計には計算も必要だが、直観に従った決断もあるときはしなければならない。

ショップ経営

「視野を広げよ」

この観点から、ＩＣが進みやすいのはショップ経営という道だろう。

ＩＣの報酬は、コーディネートフィー（設計料）と物販マージン（販売手数料）からなる。建築士が設計料を主な報酬としているようにＩＣも本来は、基準がはっきりしているコーディネートフィーのみを請求するのが理想であろう。私の周辺にも、この理想を追求しているＩＣは多い。

しかしＩＣの仕事は、建築士と比較すると単価が安く、十分なフィーを請求しづらい事情もあり、フィーとマージンを併せて報酬としているケースが多い。

このような報酬の設定は、ユーザーにとってはわかりにくいものである。

そこで、自らインテリアショップを開いて家具やカーテンなどを販売し、価格を明確にしようというのが、このＩＣのショップ経営である。

インテリア商材や小物などを販売しつつ、本来のＩＣの仕事も請け負うというもので、地方のＩＣにはこのスタイルで成功している人が多い。山形県の浦山ゆう子さんは、インテリアショップと事務所をかねた店舗を経営して、企業・個人を含めた地元でファン層を広げている。

商材販売＋提案営業

ショップ経営のつながりでいえば、キッチン、家具、ファブリックス、小物など、特定のエレメントに絞って店舗を持ち、商材販売＋インテリアの提案営業で稼ぐというやり方もある。

ただしこの場合、カーテンショップのオーナーであれば、窓回りのインテリアの提案が主となり、総合的なインテリアコーディネーションの仕事は少なくなる。つまり、インテリア資格はサブ的な役割となるわけだが、彼らの生き方も私は大賛成である。

福岡の厚地佳代子さんは、ファブリックスメーカー勤続20年を経て、自らオーダーカーテンの店を持ち、地域の顧客から定評を得ている。東京の北谷明日香さんは、高級家具の販売店でオーダー家具デザイナー＋ＩＣとして勤務した後、現在はプロＩＣとして独立している。大阪の松田智恵さんも、ドイツの高級キッチン機器の輸入販売を手がけるご主人を助けるためにインテリア資格を取得し、キッチンの設計＋ＩＣとして活躍している。

キッチンやカーテンの販売は、部屋のリフォームにつながるケースも多いので、インテリア資格が生きるのである、

商品開発、イノベーション

インテリアの現場にいると、「こんな商品があると助かる」という気づきが生まれ、ついには自分で商品を開発するところにまでいたる。

住宅設備建材メーカーとのつきあいも深まるので、協力して新しい商品を作ることが可能である。ＩＣの中には、独自のブランドの家具などを販売している人もある。

東京の中山瑞穂さんは、リフォームの仕事をしていく中で、女性の目線から浴

室用の遮影カーテンの必要性を感じ、自ら開発して特許を取得し、販売している。埼玉の冨田恵子さんは、越前漆器、彦根仏壇、川口鋳物など伝統工芸とのコラボレーションで、食器や洋風仏壇などを新しい感覚でデザインして高い評価を獲得している。

地元の工芸家らと協力して商品開発しているＩＣは意外に多く、その経験を生かして、化粧品やアロマ製品などの開発にまで発展するケースまである。

異業種にＩＣの要素を持ち込む

私と親しいインテリア資格取得者には次のような職業を持つ人がいる。

カラーコンサルタント、家具マーケティング、食空間コーディネート、アロマコーディネート、フラワーアレンジメント、美容コンサルタント、風水デザイナー、和包み研究家、彫刻家、医師……。

珍しいのが「風水」だが、ＩＣが顧客から風水の相談を受けることも多く、住まいに密接に関係する職業であり、ＩＣが風水を、風水師がインテリアを意識するのは不思議ではない。一般の風水師のアドバイスには、インテリアコーディネーションの観点があまりないので、先見の明がある風水師なら、インテリア資格を身に付けてしかるべきである。

私が手助けして『風水家相の家づくり』という本を出した福岡の箱嶌李風さんは、父親が箱嶌成風という有名な風水師である。成風氏は、一般の風水師に建築やインテリアの知識がなく、建築的に無理だったり、インテリアの調和を無視した指示を出して設計士やICと対立していた現状を憂い、自らIC、建築士、宅建士などの資格を取得して、建築、インテリアと矛盾しない風水を目指した。跡を継いだ李風さんもそれらの資格を取り、風水に適合しながら住み心地や使い勝手に優れた住まいを提案している。

「複数資格の勧め」で紹介したキッチンスペシャリスト、マンションリフォームマネジャー、福祉住環境コーディネーターなども、ICからスタートして他の分野に進出したり、逆に他の分野をメインの仕事として、インテリア資格を生かしているケースが多く、「異業種にICの要素を持ち込む」典型的な例であろう。

この観点から私が関係した事業で、世間的に最も成功を集めたのが「整理収納アドバイザー」検定であろう。この資格の大ブームには私が一役買っているが、そのことについては後ほどふれる。

9. WIN-WIN関係を築く①
――工務店、リフォーム会社との提携

現在プロとして活躍しているICの多くは、個人から仕事を請け負う他、住宅会社やマンション会社などの企業と提携している。

大手企業との提携は実入りも大きいが、それだけ競争も激しい。競争を勝ち抜くには、本人の努力もあろうが、天賦のセンスが必要だし、なにより幸運に恵まれなければならない。そういう人たちは、黙って見ていても自力でのしあがっていくので、「私マーケティング」の立場からは、私たち同様という「普通の人々」を応援したい。本項目では「工務店と提携せよ！」がそれである。

モデルハウス、モデルルームのインテリア

住宅やマンション業界でよく知られているＩＣの多くは、モデルハウス、モデルルームのコーディネートで名を上げている。

インテリア業界に参入した当初、実務書の出版や実務講座でお世話になり、私の処女作『知的女性はインテリアをめざす』にも掲載させていただいた石橋とみ子さん、田島恭子さん、嶋佐知子さんらは、いずれもモデルハウス、モデルルームのコーディネーターとして、インテリア試験発足以前から有名であった。

私どもから本を出している清田直美さんや米生澪子さんも、やはり大手マンション会社、住宅会社のモデルルーム、モデルハウスコーディネーターとして知られる。

さらに私の周囲にも東京の高原美由紀さんや福元美紀さん、福岡の福川七奈美さんら、モデルルームコーディネーターがいる。

工務店、リフォーム会社と提携し、提携先をリードせよ！

「私マーケティング」の立場から、はるか以前から私はＩＣに「中小工務店と提携せよ」と言い続けてきた。一方で、住宅会社、工務店に対しては、「これからは他社との差別化のためにＩＣを活用せよ！」と訴えてきた。

私が住宅会社相手の仕事をしはじめたころ、地元密着の中小住宅会社や工務店はインテリアの意識が低かった。

それでも、大手住宅メーカーの攻勢に危機感をいだく中小企業の中には、インテリアを他社との差別化に使いたいと考えるところが出始めていた。

例えば、「サクセスシリーズ」を出版した「匠の会」という、意識の高い工務店の全国組織があるが、ここでは組合として専属ＩＣと提携し、インテリアの希望客に対応していたことがある。

先ほど紹介した鳥取の小西さんは、「工務店と提携せよ」という私の考えを体現しているＩＣの一人だが、おかげでその工務店は地域で「センスの高い住宅を建てる」企業として、評価を高めている。

また、最近のリフォーム会社の中には、提携している建築士やＩＣのプロフィールをホームページで紹介し、顧客にテイストの合いそうな人物を選択させているところもあり、人気を博している。

このリフォーム会社の場合、建築士やＩＣはあくまで雇われ人であるが、私はむしろＩＣは、工務店や工事店、インテリアショップなどをリードできる立場にあると思う。

埼玉のＩＣ三宅利佳さんは、ホームページなどから自身で集めた顧客の施工を、信頼関係にある工務店、設備施工店、内装工事店などに振り分けている。すると、その会社から顧客の紹介もあり、理想的なＷＩＮ－ＷＩＮ関係が築かれているのである。

住宅会社やリフォーム企業に「雇われる」のではなく、対等の関係でＷＩＮ－ＷＩＮ関係を築くのが、私が考えるＩＣの理想の姿である。

10. WIN-WIN関係を築く②
――不動産、マンション企業との提携

堅実に実績を積み上げているプロＩＣの中には、不動産会社、マンション会社と提携しているケースも多い。それどころか、宅建士（宅地建物取引士）資格を取って、自ら不動産会社を経営している人さえいる。

マンションの販売では、ＩＣの仕事としてモデルルームのインテリアが有力なジャンルとなるが、これについてはすでにふれたので、ここでは他の観点から述べる。

重要なのは、中小の不動産会社でも、インテリアが「儲かり」の重要な役割を果たすと気づいているということだ。やる気のある企業は積極的にＩＣとの提携を進めている。

その役割は、一つに中古流通物件のリノベーションである。

中古住宅やマンションを買い、リフォームして住むユーザーは多いが、近年は

不動産会社が物件を購入し、リフォームしたうえで販売するというケースが増えている。企業にとってはリスクの高い商売だが利益も大きく、そこで活躍するのが「売れる」インテリアを作れるＩＣである。

オフィスや一般の集合住宅を、宿泊施設やシェアハウスなどにリノベーションするケースも増えており、ここでもＩＣは活躍する。

地域の家族経営の不動産会社の中には、自らインテリア資格を取って、デザイン性豊かな分譲住宅や中古物件を売りだしているところもある。ＩＣが配偶者の会社を手助けしたり、自ら起業するケースもその一つである。

また、中古流通市場、新築分譲市場にかかわらず、売れ残り物件を売り切るためにＩＣの援助を求めるケースも多い。

東京の冨田陽子さんは、自身の会社で住宅や店舗のインテリアを請け負うかたわら、不動産会社に依頼されて売れ残り物件のプチリフォームを任され、実績をあげている。冨田さんがインテリアに手を入れることで、物件が動くのである。

不動産流通の仕事は、「売れる／売れない」と成果が明白に出るので、ＩＣにとって厳しい現場ではあるが、やりがいも大きい。不動産業者の方でも、「売れる」インテリアの力に注目している。

そういうわけで、ICと不動産系企業とのWIN－WIN関係は今後も密になっていくことが予想される。

11 WIN-WIN関係を築く③
――建材設備店との提携

ICがインテリアショップを持って家具やカーテンを販売するケースを述べたが、ショップ経営は地元の家具店や建材店と競合が避けられない。

地域の会社との良好なWIN－WIN関係を保ちたいICの中には、あえてショップ経営を避ける人も多い。つまり、自分は顧客からコーディネートフィー（デザイン料）だけを徴収し、家具などの販売は専門業者に発注するというやり方である。専門業者に依頼する際、マージン（手数料）をもらうケースも多いが、地方の中小の建材設備店を相手にしている場合は、それさえもらわないICもいる。インテリア関連業者の共存共栄をめざしているからだ。

このようなICの姿勢は、究極の町おこしにつながる。仕事をもらった業者は、なにかの形で必ずICを手助けしてくれるからである。

WIN－WIN関係の構築のためには、まずこちらから相手に利益を与えなければならない。ギブ・アンド・テイクが基本なのである。

12. WIN-WIN関係を築く④ ——その他の提携先（民泊など）

「得意分野を作って競争を避ける」という項目で述べたが、ICが医院や学校などに特化して成功しているケースは多い。ICは視野を広げて、住宅や不動産業界以外にも、提携先を探るべきである。

それには、不動産業者の場合でもそうだが、「儲かる」インテリアの力を相手先に気づいてもらうことが肝心である。

最近目につくのは「民泊コーディネーター」という肩書きである。

ご存じのように民泊は、インバウンド客に人気だが、その認知方法は大半がネットである。

ネットで民泊の情報を知らせる場合、立地や値段はもちろんだが、宿泊する部屋の写真が決め手となる。

近年、ラブホテルがインバウンド客を集めているが、忍者部屋とか金箔の部屋といったその内装が人気の要因となっている。

そうしたいかにもインバウンド客ねらいの内装はどうかと思うが、「顧客満足」を使命とするICであれば、民泊経営者の意図を汲んで、さりげなく日本の魅力を発信し、なおかつお洒落な部屋をつくることができる。

神戸の片山由美子さんは、早くから民泊市場で実績を重ねている。

ホテルをはじめ、店舗、商業施設、公共施設など、「インテリアの力」を必要としているところは多い。

ＩＣにはいろいろな可能性を試してもらいたい。

13．私マーケティング流販売促進①
——技能講座によるＩＣ支援

インテリア試験の受験講座に比重を移したものの、私はインテリアの実務講座も続けてきた。企業の販促企画対策を重視した初期の講座と違い、インテリア資格を取得した人々のスキルアップが狙いである。

「得意分野でオンリーワンをめざせ」の項とも共通するが、独自の技能の習得は、この世界で頭一つ抜け出すための武器となる。私マーケティング流に言えば、自己をＰＲする販促手段として役立つのだ。

ＩＣのための実務講座で人気が高く、ロングセラーとなったベストスリーは以下である。

	講座名	講師	開催回数(概数)	参加者数(概数)
1	早描きパース講座	小池瑠璃子	180回	5000人
2	照明実践塾	河原武儀	50回	1000人
3	インテリアスピードスケッチ	長谷川矩祥	50回	1000人

神奈川在住の小池瑠璃子さんは、大手リフォーム会社勤務後80年代後半に独立し、プロICのベテランだが、顧客と相談しながら目の前で描くパース技術を、『早描きパース講座』で惜しげもなく披露していただいている。少しでも実務についたことのあるICならその重要性がわかるし、また、インテリアの二次試験ではパース、スケッチが出題されることもあるので、資格の受験生も多数参加し、ロングセラーの人気講座となっている。

このほか、様々な実務講座を私は企画してきた。システムキッチン、カラーコーディネーション、ファブリックス、家具コンシェルジェ等々。近年普及著しいCAD、3Dプレゼンテーションも、PCを導入して実施し成果をあげたが、1人

１台のＰＣが必要で需要に応えきれず、ＣＡＤなどの専門業者に任せることにした。

「周辺資格の取得」も、ＩＣにとっては「技能の習得」という目的を兼ねている。例えば、マンションリフォームマネジャーという資格は、マンションのリフォームに関わる際に理解しておかなければならない区分所有法の知識や、マンション独特の設備設計などの技能を身に付けるチャンスである。

このマンションリフォームマネジャーやキッチンスペシャリストなど、ＩＣに次ぐ歴史のある資格制度については初期から対策講座を実施しているが、近年最も成功したのは「整理収納アドバイザー２級認定講座」であり、すでに２５０回開講し、６０００人以上を集めている。

14．私マーケティング流販売促進②
――出版物を販促に使う方法

現在の売れっ子ＩＣは、ホームページやＳＮＳで顧客を集めている人が多い。インテリアの仕事はビジュアルが命とも言えるので、ネット媒体はうってつけである。

しかし、ネット時代以前、ビジュアルにうったえかける媒体といえばやはり本であった。また、ネット媒体は形に残らないので、現代でも自分の実績や考え方を書籍にして残しておきたいというＩＣは多い。

創業して住宅会社相手の商売を主としていたころ、私は急成長しているリフォーム会社などに声をかけ、「サクセスシリーズ」の出版を勧めた。この本は書店には並ばないので、テレビや新聞のＣＭとは違い、一般に広く訴えかける目的の出版ではない。私が推奨したのは、契約者や見込客に渡して紹介客やリストのランクアップにつなげること、また、現場見学会やリフォームセミナーを開催してテキストとして配布して見込客の発見につなげること、などである。

つまり、私マーケティング流の使い方を伝授したのである。

ICの本を出すようになってからもこの考え方は変わらない。

私が手がけた本は、ハウジングエージェンシーの全国直販ルートを通じて大手書店に並ぶが、テレビCMや新聞広告、ネットなどに比べると、一般への訴求力は低いと言わざるをえない。

しかし書籍には、他の媒体にはない存在感、重みがある。また、自己PRに終始する他の媒体と違い、出版社の目を通した公正感がある。

ユーザーに対する信頼感が違うのだ。

このことに気づいたICが私に相談をもちかけて本を出した。私マーケティング流のビジネス感覚を有した人たちである。

インテリアで工務店や関連業者とともに地域の活性化にも貢献する小西裕美さん、インテリア医学で名を上げた水口真理子さん、テレビ出演などで人気の清田直美さん、大手住宅メーカーのモデルハウスコーディネーターとして知られる米生澪子さん、リフォームの実績を積み上げ関連業者からの信頼も厚い三宅利佳さん、風水にインテリアを採り入れて注目を集める箱嶌李風さん、そして、三井グループの女性重役第一号となった村上英子さんら、いずれも実績十分な人々であった。

インテリアコーディネーター名鑑をライフワークに

個人の出版は経費が莫大にかかり、思いはあってもなかなか実行に移すのは難しい。

そこで私は「ＩＣ名鑑」の事業を始めた。つまり、住宅メーカー情報誌のＩＣ版である。

この種の事業では、すでに私は「安心工務店」で成果をあげていた。大手住宅メーカー中心の情報誌では掲載しきれない地元密着型の中小工務店のうち、「安心」して仕事を依頼できる工務店を厳選して掲載した「名鑑」である。

「安心工務店」は最盛期には２５０社を集め、関東版、関西版などブロックごとの分冊として出版した。

ＩＣ版の名鑑も同様のコンセプトで、資格所有者でありかつプロＩＣとして活躍している人を対象に全国から希望者を募った。自身が携わった物件の写真と、紹介記事で構成された２～４ページを各人にあてがうというプランだった。見映えを競うインテリアという仕事だけに、体裁にも気を使い、デザイン性の高い写真集のような本を提案した。

この事業に私は２０００年ころから手をつけている。

試験が発足してまもなく20年が経とうとしているのに、ユーザーがインテリアコーディネーターを探す手がかりとなる情報がない。あいかわらず、

「インテリアコーディネーターはどこにいるのか」

「インテリアコーディネーターは何をする人か」

「どうすればインテリアコーディネーターに依頼できるのか」と、同じ質問がユーザーからよせられる。「インテリアコーディネーター」という名称だけが一人歩きしている現状だった。「名鑑」の整備は、誰かが手をつけなければならない時期に

さしかかっていた。

そこで私が手を挙げたというわけだ。しかし、とにかく誰も手を付けたことのない分野だけに、何度もアプローチしたが、なかなか賛同者が集まらなかった。

これが最後と心を決め、気合いを入れて2年間の営業展開を繰り広げた末、ようやく2007年9月1日に『インテリアコーディネーター名鑑』初版を発刊することができた。

この出版は、住宅、インテリア業界の話題となった。これに掲載されたおかげで、大手住宅会社やマンション会社から声をかけられたICも多いと聞く。その成果を力に、翌々年には第二弾『インテリアコーディネーター名鑑2010年版』を発行した。

そして、その後「名鑑シリーズ」を、およそ年1回のペースで出し続けることになる。

このシリーズの発刊は私にとって苦労の多い仕事であった。新刊ごとにテーマを立てると、見込客一人ひとりに私が電話して主旨を説明し、参加者を集めた。

電話営業は苦痛ではなかったが、人数が集まらなければ、その回の発行は中止となり、実際そうやって立ち消えになった企画がいくつもあった。それが重荷だったのだ。

しかし苦労の一方で、実りも大きかった。一人ひとりと会話をすることで、意識の高いＩＣを見分けることができ、また、プロＩＣの現状をつぶさに知ることができたからだ。

そんな営業活動の中で生まれた画期的な「名鑑」が２０１７年に発行した『プレミアムブレーン』である。

あるとき、「名鑑」の営業もかねて出席したＩＣの集まりで、顔なじみの2人に声をかけたところ、逆に「名鑑」の企画を提案された。ひとりは上田桐子さんで、東京・神宮前に店を持ち輸入インテリア商品を扱い、もうひとりの新村レイさんも同じく神宮前でインテリアサロンを経営し、フラワーデザインにも力を入れている。彼女らの提案はこうだ。

「『ＩＣ名鑑』に参加したいが、私たちは必ずしもＩＣをメインの仕事としていない。世の中には、インテリア以外の本職に生かすためにインテリア資格を取得した人が多いと思う。そういう人たちを集めて『名鑑』ができないか」

面白い着眼点だと思ったが、肝心の参加者が集まるかどうか疑問だった。

しかし営業をかけてみると予想以上に反応が高く、30名以上の参加者を集めて立派な名鑑が完成した。建築士、ショップ経営、システムキッチン販売、福祉住環境コーディネーター、民泊コーディネーター、テーブルコーディネーター、フラワーデザイナー、カラーコーディネーター、トレンドリサーチャー、家具デザイナー、彫刻家、塗装業等々、バラエティー豊かな顔ぶれが並び、インテリア世界の裾野の広さを感じさせた。

私は「名鑑シリーズ」をライフワークと感じていた。

このシリーズに参加していただいたすべてのICに感謝を申し上げたい。

そして、そのICの中から精鋭が集い、現在に続くICの緩やかな組織「S－MICC」が形づくられてきたのである。

業界に残した足跡

私は仕事がら、人から見て自分が傲慢に見えるのではないかといつも気にしている。お客様商売にとって、「偉そうに見える」のはアウトだからだ。つい最近も、羽振りを利かせすぎて同業者や世間の非難を浴び、つまずいた経営者の事例を我々は目にしている。

新しい会社が業界で目立つ業績をあげると、それだけでも創業者は批判的な視線を浴びることになる。そのうえ大きな態度をとったのでは、「炎上」もやむをえない。マーケティングをやっていると、そういった日本社会の特徴がよく理解できる。早くからそれを知っていた私は、表舞台に立っていても目立たないように自分を律してきた。

しかし、会社の経営から一歩退いたいま、これまで私がインテリア業界やその周辺の業界に残した足跡を明らかにしておくのもわるくないと思っている。

インテリアコーディネーターの商標登録

このことについては前著『インテリアコーディネーター誕生物語』（２０１０年刊）でも触れたが、再録しておきたい。

「インテリアコーディネーター」という名称は、私が１９８５（昭和60）年に出願し、８７（昭和62）年6月16日に商標登録されている。これまで、権利関係に敏感な出版社や研修業者から何件か使用許可の問い合わせがあったが、多くの団体、業者は何も知らずにこの名称を使用している。

私は狭い業界内で波風を起こしたくないという思いから、これまで使用者に対するクレームはもちろん、商標登録しているという事実さえ明かしてこなかった。しかし、これもインテリア業界に残した足跡のひとつと考え、ここに再録しておく。

インテリア資格制度に残した足跡

私はインテリア試験関連の出版や研修を通じて、インテリア資格制度の拡大に貢献したと自負しているが、それを数値に表すのは難しい。しかし、本書を読み進めていただいた皆さんにはそのことがご理解いただけたものと思う。

詳しくは2章で述べているので省くが、大きく次のような活動で私はインテリア資格制度に足跡を残した。

①受験講座の開催で全国から受験生を集めたこと

これは私のビジネスの柱であり、それを熱心に押し進めた結果、受験生の拡大に貢献した。

②試験関連の書籍、及びインテリア産業協会のハンドブック・入学願書を全国有力書店への直販ルートで広めたこと

書店の直販ルート開拓は、私の事業の中でも画期的な業績ではなかったかと考えている。書店の間でハウジングエージェンシーが「直販3社」と呼ばれている

ことはすでに述べた通りだが、言い換えれば直販ルートで成功している出版社は全国で3社しかいないということだ。書店が「間違いなく売れる、儲かる」と感じる書籍を持っていなければ直販ルートは築けないし、また、そういう書籍を持っていたとしても、「競争の少ない直販ルートに目をつける」というマーケティング感覚と、書店に1軒1軒アタックして販路を広げるという地道な営業活動がなければ、この成果はありえなかった。

またこのルートを使って、インテリア産業協会のハンドブック、受験願書を取り扱ったことも、協会側の理解やタイミングなど幸運にも恵まれていたとはいえ、画期的だった。

この事業が協会関連の批判勢力によって中止されたこともすでに述べたが、これこそまさに、この項目の冒頭で述べた「目立ちすぎの弊害」だったと言えよう。私自身、こうした活動を誇って宣伝したことはいっさいないが、その活動自体がある種の人々にとっては、目障りな「派手な動き」に見えたのであろう。

日本では、これまで多くの経営者が派手な言動により周囲のやっかみの対象となり、つぶされてきた。その人物が、日本経済にとってどれほど有用かどうかは関係ないのである。

私はそういう日本市場の性質をよく知っていたので、雑音が耳に入ってきたとき、さっさと協会との書籍に関する提携を解消した。

ビジネス上は多少の打撃があったが、この種の偏見には慣れっこであり、常にリスクを考えて仕事をしているので、私はどうということはなかった。しかし、私どもの協力がどれだけ協会やそれに関わる人々に貢献したかを理解できない人々がいることは、いまでも残念に思っている。

インテリア業界に残した足跡
――山陰IC協会

インテリア業界に残した足跡については、本章の前半で詳しく述べている。資格獲得者に対して「私マーケティング」流の生き残り方を伝授し、出版や研修活動を通じてＩＣを応援したのがその主な業績である。

そこで語りきれなかったことを加えておく。山陰インテリアコーディネーター協会についてである。

公益社団法人インテリア産業協会は、全国各地に「インテリアコーディネーター協会」という、有資格者の地域団体を有している。

当初は、自然発生的にインテリアコーディネーターが集まって団体を作っていたのを、協会が後から公認したというパターンが多かったが、３代目会長の豊田徳昭氏が、全国に設立を促して拡大した。

私は、１９９０年代の始めころから、出身地である島根県松江市にインテリアコーディネーター協会の設立を模索していた。しかし、さすがに島根県一県では対象者が少なかったので、力強い団体にするためにと、隣県の鳥取県も合わせて１９９６年、「山陰インテリアコーディネーター協会」を発足させた。

当時独立を考えていた方のオフィスに事務局を兼ねてもらい、私が家賃を負担することでなんとかスタートにこぎつけた。私は特別顧問という肩書きで、すべて運営を現地のスタッフに任せてバックアップに回ったが、優れた人材に恵まれ、現在は会員数50名以上の組織となっている。

この協会は、新築やリフォームを計画しているユーザーに情報提供、インテリアコーディネーター紹介などはもちろん、お互いの情報交換や勉強会によりレベルアップを図り、独立するインテリアコーディネーターを援助するといった活動を行っている。インテリア市場としては、最も遅れていると思われる島根、鳥取両県に、いまフリーランスのインテリアコーディネーターが数多く活躍しているのは、この山陰インテリアコーディネーター協会の活動が大いに貢献していることは間違いなく、私自身も誇りとするところである。

新資格の設立、周辺業界への影響

2003年3月、私はNPO日本ライフスタイル協会（現・一般社団法人日本ライフスタイル協会）を立ち上げた。

日本ライフスタイル協会（以下・ライフスタイル協会）は、住生活産業に携わる人材の育成を目的とした団体で、具体的には、リビングスタイリスト、リフォームスタイリストなど、インテリア関連の実務資格の運営を主に行っている。

ライフスタイル協会の新資格設立も、結局のところ、私の目的はＩＣの支援にあった。

リビングスタイリストは、住生活関連のショップ（家具店、カーテンショップなど）の販売員を対象とした資格である。販売員には商工会議所の「販売士」の検定試験があるが、住生活関連に絞った資格はなかった。住生活関連の販売には、商品の知識ばかりか、それらをどう住空間に採り入れるかという独特のコンサルティングが必要である。これまで述べてきたように、ショップ経営を目指すＩＣも多いことから、私は資格の必要性を感じリビングスタイリストを作った。この資格は後に文部科学省後援事業にも認定された。

リフォームスタイリストは、リフォームの店舗経営者、営業マン、アドバイザーなどを対象とした資格である。リフォーム関連の資格には、マンションリフォームマネジャーのようにマンションリフォームに絞ったものや、増改築相談員のように、昔ながらの建築工事をともなうリフォームの資格はあったが、リフォーム全般を扱うものはなかった。またリフォームの設計や技術的側面は、建築士やインテリアコーディネーター資格がカバーしているので、販売・営業面にスポットを当てたのがこの資格である。

これらの資格は、インテリア、リフォーム関連の企業に人気があった。というのは、これらの業界は社員教育の制度が十分整っていない新興企業が多いので、教育を兼ねてスタッフやバイト店員に受けさせるのに適した内容だったからである。リビングスタイリストもリフォームスタイリストも、一般には十分に浸透していないが、業界への一定の貢献は果たしたと考えている。

リフォーム市場への着目と影響

私がインテリア業界に足を踏み入れたころ、識者の間では「これからは住宅リフォームの時代だ」というスローガンがさかんに叫ばれていた。戦後の住宅ブームが一段落し、これからは既存の住宅を手入れして使うリフォームの時代だというわけである。

これに呼応して、地域の工務店や設備店の中で、リフォーム専門で頭角を現す業者もぽつぽつ出始めていた。大手住宅会社にも、リフォーム部門やリフォーム専門の子会社を作る動きがあった。

住宅会社が避けてきた市場

しかし、住宅業界から見ると、リフォームはマイナーな市場だった。

まず第一に、新築住宅に比べてリフォームは単価が限りなく安いという現実がある。

リフォーム会社の看板を掲げるからには、水道の蛇口の取り替えや廊下に手すりを一本設置するといった地味な仕事も請け負わなくてはならない。このような仕事は、新築の住宅会社にしてみればものの数にもならない。

そのため、大手住宅会社がリフォーム部門を設けるといっても、ほとんどが自社が過去に販売した住宅の修繕であり、いわばアフターサービスの一環だった。

一方でリフォームは、消費者してみれば「高い」というイメージがあった。

リフォーム事業は業者にとっては利が薄い。リフォーム店を構えれば、そここそ仕事は来るが、前述のような蛇口の取り替えや手すりの設置といった小さな仕事が多い。小さな仕事でも人手は必要なので経費がかかる。つまり儲けが少ない。すると業者は、大きなリフォームを受注すると、そこでしっかり利益を確保しようと、自然見積もりが高くなる。それが、リフォームは割高だという印象につながる。

私たちの受験講座に通ってIC資格を取得し、良心的な福祉住環境整備の設計事務所を営む人が悩んでいたことがある。

「依頼者が、私たちのような福祉住環境整備の専門家ではなく、住宅会社や工務店にバリアフリー改修を依頼すると、余計な改修をやりすぎる傾向があります。

私たちからみれば手すり一本の設置で済むところを、住宅の全面改修に持ち込むことが多いのです。依頼者はあまりお金に余裕がない人がほとんどなので、気の毒に思います」

バリアフリー改修に限らず、リフォームが「高い」というイメージには、そのような「やりすぎ改修」も影響している。

そこを突いて住宅会社は、「それだったら建て替えてしまったほうが安上がりですよ」と、建て替えを勧める。

住宅会社がリフォーム事業の将来に明るさを見いだせなかったのはそのような理由からである。

そのため、リフォームでのし上がってきた企業は、地元の工務店、下請けの設備施工店、異業種の出身者が多かった。そして、上記のような事情から、ある程度の規模まで大きくなっても成長に限界があった。

そんなリフォーム市場の穴を突いて、「そろそろ外壁の塗り替えが必要ですね」等の呼びかけでリフォームを勧める訪問販売業者が急拡大した。

このような業者の中には、高齢者にリフォームを繰り返し勧めたり、「シロアリ駆除」を名目に不要な工事を勧めるという、ここまでくるとリフォーム業とはいえないタチの悪い業者もあり、社会問題化した。新興市場にありがちな問題であり、リフォーム業全体のイメージダウンにもつながった。

今後も目が離せないリフォーム市場

このような海のものとも山のものともつかぬ新興勢力だからこそ、私はリフォーム業界に着目した。それはインテリア資格に関わる以前のことで、住宅会社相手の仕事をしていた頃である。

当時、新しいリフォーム会社が各地で勢力を伸ばしていた。それらはいずれも、地域密着というにふさわしいやり方で、地元の住人の信頼を獲得していた。リフォーム事業は、店舗の周囲数キロ圏が勝負といわれるように、全国展開している住宅会社などには適さないビジネスであった。全国展開している企業でも、地域ごとに工事店があるガス会社や設備会社などのリフォーム事業が当初目立っていたのはそのためだ。

このことに気づいた私は、地域に密着している工務店や工事店こそ、リフォーム市場の先兵となるべきだと考え、リフォームを切り口に地域の中小企業への応援活動に力を入れた。

具体的には、頭角を現してきたリフォーム企業に、販促本「サクセスシリーズ」の出版を勧めた。「安心して工事を依頼できる工務店」の名簿である『安心工務店』にも、リフォームに力を入れている会社が数多く入っている。また、全国の有力工務店の社長を集めたＨＯＣというコンサルティング組織も作った。

これら住宅関連の出版、コンサルティング活動については、機会をあらためて語るつもりだ。

いま、リフォーム市場は成長期から成熟期にさしかかろうとしている。さまざまな業種が参入し百花繚乱の体だが、中でも「リノベーション」をキーワードとして資産価値の向上をうたう不動産業の動きが目立っている。

そんな市場の中でＩＣの活躍もめざましい。ネットで人気のＩＣ、医療や学校等、テーマを絞ったリフォームで成功している人、自らリフォームを受注し地域の関連業者と共存共栄を果たしている人、不動産系の企業と提携し住まいの資産価値向上に一役買っている人、等々。

リフォーム業は今後もまだ、ＩＣや新興企業にとって、新しい切り口からアプローチできる可能性を持っており、アイデアとマーケティング感覚しだいで成功をつかめる市場だといえよう。

整理収納アドバイザー
――大ブレイクのきっかけをつくる

「整理収納」の世界は、タレントやカリスマを多数輩出し、いまや一大産業と化した感があるが、そのベースとなったのがこの資格である。

そして「整理収納アドバイザー」の受験生を飛躍的に増やし、大ブームを巻き起こすきっかけを作ったのは私だという自負がある。

すでにその業界から離れたので、このさい、整理収納アドバイザー検定への私の貢献について語っておこうと思う。

私の貢献をひとことで言うと、整理収納とインテリアコーディネーターを結びつけたのである。ICの卒業生に整理収納を紹介しただけではないかととらえられると残念だが、そこには私マーケティングに基づいた狙いがあった。

「整理収納アドバイザー」検定は、㈱ミニメードサービスというハウスキーピングの会社が、ハウスキーパーを集め、育てるための策として作った資格である。

この資格の発足まもなくその存在をネットで知った私は、あるひらめきを得て、さっそく主催者に連絡し、受験者集めの協力を申し出た。

なぜ私が整理収納アドバイザーに関心を持ったかというと、インテリア講座の卒業生から情報を得ていたからだ。

実務に携わっているICの多くが、

「インテリアを考える前に部屋の片付けをしなければ」

または、

「あなたにお願いすれば、部屋がきれいに片付くんでしょう」

といった顧客の依頼を受けていた。

ところが当のＩＣは、手持ちの食器をおさめるしゃれた収納家具は作ることができるが、整理収納そのもののノウハウはない。おまけに、ＩＣ自身が整理ベタで、自宅や事務所は荒れ放題という人が結構いる。

ＩＣにこそ整理収納の技能が必要だと考えた私は、さっそく協会に検定講座の開催を申し出た。

私の予想通り、ＩＣ資格者、受験者の多くがこの検定を受検し、受験生は一気に拡大した。

一方、ハウスキーパーの育成が目的だった主催者にとっても、インテリアとの結びつきは新鮮で、視野が大きく広がったに違いない。

整理収納アドバイザーの資格は、１日で比較的簡単に取得できるうえ、資格者は「講師」を名乗ることができるところにある。ＩＣの中にはこの世界に可能性を感じ、鞍替えした人も多い。

おしゃれセンスの高いＩＣが整理収納を指導すればたちまち人気が出る。

この間、整理収納のタレントやカリスマが次々と生まれ、大ブームとなったことは記憶に新しい。

私の狙いは当たった。「私マーケティング」がここでもまた威力を発揮したのである。

こういうわけで、私は整理収納アドバイザーの2級講座を開講し、テキストの出版と販売権を得て、同検定の飛躍的拡大に貢献したが、その後、1級講座の立ち上げ時に判断ミスをおかした。

2級講座が順調に拡大したことから、主催者より1級講座の開講依頼を受けて開講に至ったが、これが問題だった。2級の好調を受け急遽準備した1級だったため、内容が十分煮詰まっておらず、テキストもお粗末な出来だったのだ。

開講したはいいようなものの、受講生からクレームの嵐が寄せられた。もちろん責任は資格の本部にあるが、矢面に立つのは講座の主催者である。私は本部にテキスト、講座内容の至急の改善を求めたが、すぐには対応できないという回答。頭に来た私は「それでは1級の講座は私のところでは開講しない」と返事してしまったのである。

2級講座の好調で自信をつけていた本部は、私の返答は渡りに船だったのかもしれない。あっさり、私の申し出は受諾された。こうして私は1級検定の講座やテキストの権利を放棄したのである。

その後、徐々に体制を整えた1級検定は、お片付けブームの勢いに乗って順調に受講生を増やした。

短気な私はその場のさまざまな失敗を招いてきたが、これはその中でも最も悔いの残る判断ミスであった。

あとがき

昭和42年、43年は不況で私が大学を卒業する時は就職先がなく、回りの友人たちが次々と決まるのを横目に見て、いささか焦りを感じていました。

結局紹介されて入社したのが大阪の信用金庫でした。

入庫後1年目の終わりになって、学生時代に興味があった「コピーライター教室」に強く惹かれるようになりました。そして勤務の傍ら週1回の教室に通うことにしました。ここでの講師との出会いが、その後の社会人としての私の人生の方向を決めることになりました。

当時は第2次コピーライターブームで、マスコミにも派手にとり上げられ、タレントコピーライターも何人か大阪教室に来て教えておられました。

ここで通っているうちに、30歳前後のマーケティングを教える専門講師が生き生きとしておられ、私はすっかり「マーケティング」という新しい分野の仕事に心を奪われたのです。

マーケティングを教える3人の講師は、当時の日本でマーケティングの草分けの会社から独立したところでした。私はあまり後先を考えず、彼らの会社に入りたいとお願いしました。

偶然でしたが、ちょうど求人募集を始めたところで運よく採用してもらいました。

ここから約5年の間は、とても難しい仕事に取り組みました。

連日徹夜が続き、ほとんど週末にしか帰宅しませんでした。

ただし私はまだ世間の人が知らない最先端の情報を、給料をもらいながら勉強できる面白さにとりつかれてしまったのです。

ここでの私の仕事の中心は、「住宅産業」のマーケティングリサーチでした。

まだ未成熟で住宅産業という言葉もなかった頃ですが、プレハブ住宅が量産化住宅というカテゴリーで彗星の如く現れてきて、またたく間に急成長していった時代でした。この会社はこれらのプレハブで住宅業界にもクライアントをかかえて営業を行っていました。

この会社のメインのクライアントは、当時花形であった家電、車、薬品、放送でしたが、私は住宅という、地味な分野の仕事をたまたま与えられ次々とこなしていました。

私も他の分野をやらせてほしいと常々思っておりましたが、ある時上司が「三島君、これからは住宅産業だよ。」「恐らく今後30年間は必ず住宅産業が世の中のリーディング業界になるはずだから、君はこの業界でやったらどうだ。」といってくれました。

私はこの言葉を聞いて、時代を先取りすることにためらいが消え、「住宅産業」専門のマーケティングコンサルタントとして生きていく決心をしたのです。

当時は大和ハウス、セキスイハウス、永大産業、ナショナル住宅（現在パナソニックホームズ）、ミサワホームなどがしのぎを削っていました。当時このマーケットには積水化学がユニット住宅という画期的な商品で市場参入を計画していました。所属していた会社が、このプロジェクト、外部マーケティング機関として参加していましたので、私もこの仕事に専属スタッフとして従事することになりました。ここでも私は給料をもらいながら時代の先を読む、マーケティングのノウハウの勉強を徹底的に学ぶことができました。

こうして大阪で約5年間夢中で過ごしてきましたが、次第に大阪のマーケットの狭さを意識することになり、やはり東京に出て仕事を見極めたいと思うようになりました。

そこで私は東京支店への転勤を希望して、27才の春に東京にあるグループの関連出版社へと転勤しました。

その3年後に社名をサンプラニングとして独立し、5年間はマーケティングを主体として業務を中心に働き、のちにハウジングエージェンシーとして社名変更してトータル43年間の（2018年売却）会社運営をしました。

立ち上げ当初は、紹介による企業、中央官庁から委託されて住宅市場調査などを引き受けておりましたが、その後次第に出版業に移行していきました。

同時に各県におけるトップクラスの有力工務店、ハウスビルダーにコンサル事業を行い、一時は200社ほどの有力工務店を組織しました。当初は私がやるべきテーマは漠然としたものでしたがこのような時代を経て、創業15年目頃から、将来は「教育分野」が自分の目指す仕事だと強く思うようになりました。そこでかねてから関心があったインテリアコーディネーターを軸とする住宅産業の人材育成に力をいれることにしたのです。

「住宅産業」はこれまで基本は男性中心社会であり、住宅という「器」を中心に建物のハード面からすべてを考えるのが普通でした。ここにインテリアという概念が入り込んできて、私はこの分野で働く「インテリアコーディネーター」という女性向きの新しいアドバイザー制度がこれからの住宅の概念を変える人達になると思ったのです。

本書では私の40年あまりのビジネス人生の前半のハウスメーカー、工務店のマーケティング戦略を柱にしていた15年ではなくて、後半のインテリアコーディネーターを主体とする25年間の実態をまとめました。特にインテリアコーディネーター資格試験に特化した「インテリアコーディネーター資格試験問題徹底研究」という強力なツールを基本として、私は独創的なマーケティングを実践しました。このツールを最大に生かして情報交換を行い、経営のヒントをその都度提供して戴いた方々と交流を重ねて行くうちに、1回限りの交流ではもったいないと気付き次第に交流の輪を広げ回数を重ねたのです。

その結果生まれたのが、232ページからの皆様です。中には、私が以前から組織したS－MICC（エス・ミック）という緩やかな交流メンバーの皆様も入っています。また、私が企画した「インテリアコーディネーター名鑑」に掲載された方も入っておられます。長い方で30年以上に及ぶお付き合いですが、皆様一人一人の顔がはっきりと浮かんできます。今後の私のコンサルタント活動に欠かせない財産の皆さまとここに掲載された方以外にも仕事上で名前を出せない方、子育て中の方などなど50名以上の方がいます。

この方々が与えてくれるチャレンジ精神旺盛なパワーを原動力に、私はこれまでさまざまな試みに挑戦してきました。本書ではあまり触れていませんが、その結果、数限りない失敗を繰り返してきました。しかし、それは挑戦した上での気持ちのよい失敗であり、次のステップに必ず結びつく「成功のもと」でした。

今後も私は楽しく泥くさい「価値を高める私マーケティング」を実践していく所存です。私の経営者としての様々な経験・知識・ノウハウが、独立をめざす方や壁につきあたっている方へ、少しでもパワーになることができれば幸いです。

二〇一九年四月

三島俊介

●私のＩＣ交流名簿（敬称略）

氏名	業態	関連資格※	在住地	交流歴
青木こず枝	インテリアコーディネート、講師業	二級建築士	千葉県	20年
浅野秀代	リノベーション業務	二級建築士	福井県	30年
朝山隆	家具デザイン、学校主宰	宅建士	東京都	20年
厚地佳代子	インテリアショップ経営		福岡県	25年
網村眞弓	インテリア・カラーデザイン、トレンド分析	福祉住二級	東京都	20年
綾　ますみ	医師	宅建士	東京都	5年
新井あけみ	インテリア・建築全般	二級建築士	和歌山県	20年
アラキ由紀子	インテリア・建築全般	二級建築士	福岡県	10年
有馬扶美	インテリアコーディネート	整理一級	兵庫県	10年
池田直子	インテリア・建築全般	二級建築士	広島県	5年
石黒祐子	インテリア建築設計、講師業	一級建築士	埼玉県	20年
伊丹弘美	低層・中層の建築設計	一級建築士	東京都	10年
今田百春	インテリア・建築全般	二級建築士	岡山県	20年
上田桐子	インテリアコーディネート、ショップ経営		東京都	15年
上原貴美子	インテリア家具コーディネーター		兵庫県	5年
内本雅	インテリア・建築全般	一級施工管理技士	大阪府	25年
浦山ゆう子	インテリアショップ経営		山形県	10年
大友綾子	低層・中層の建築設計	一級建築士	神奈川県	20年

大西哉子	インテリア空間デザイン、リノベーション		兵庫県	7年
大和田直美	建物管理業	二級建築士	埼玉県	20年
岡田浩実	インテリア・建築全般	二級建築士	愛知県	20年
岡村達哉	住宅建築に関わるコンプライアンス	一級建築士	大阪府	30年
小川仙月	介護リフォーム業者	二級建築士、福祉住二級	茨城県	18年
桶屋かおる	インテリア・建築全般	二級建築士	大阪府	20年
小野朱莉	カラーコンサルタント		神奈川県	10年
片桐真理子	インテリア商材販売	ＫＳ	愛知県	20年
片山由美子	インテリアコーディネート、民泊プランナー	ＲＳ一級	兵庫県	20年
勝浦真樹子	空間装飾、クラフト製作		東京都	10年
桂川和子	化粧品会社経営		東京都	25年
加藤千鶴	インテリアコーディネート		東京都	7年
門田玲子	色香空間コーディネート、講師業	福祉住二級	大阪府	15年
カトリーヌ	インテリア設計・デザイン	インテリア設計士	愛知県	20年
金谷律子	インテリア・建築全般	二級建築士	兵庫県	20年
金堀彰文	インテリア・建築全般	木造建築士	広島県	30年
鹿野敬子	犬と人との美的ライフスタイル提案	二級建築士	東京都	20年
上條由美	インテリアコーディネート		千葉県	10年
河村智子	家具マーケティング		東京都	15年
北岡里美	不動産登記申請相談業務	宅建士	愛知県	15年
北谷明日香	インテリアコーディネート	カラー一級	東京都	15年

※インテリアコーディネーター資格は全員所有　KS=キッチンスペシャリスト
RS=リフォームスタイリスト　LS=リビングスタイリスト
MRマネジャー=マンションリフォームマネジャー

氏名	業態	関連資格※	在住地	交流歴
清田直美	インテリア空間デザイン	二級建築士	東京都	30年
倉本美奈子	インテリア・建築全般	二級建築士	東京都	20年
小岩井啓子	不動産リノベーション事業、講師業	二級建築士	神奈川県	15年
小西裕美	インテリア、人材育成	木造建築士	鳥取県	30年
小松陽子	講師業	一級建築士	愛知県	20年
斉藤久美子	インテリア・色彩講師	色彩一級	群馬県	20年
佐藤留美	モデルハウスディスプレイ、テーブルスタイリング		兵庫県	30年
澤田行男	機能性塗料施工監理		島根県	35年
志田恭子	不動産売買、賃貸、リフォーム業	二級建築士、宅建士	埼玉県	20年
信夫美夏	ヨーガ教師		宮城県	20年
島林元子	デザイン、商材販売	二級建築士	東京都	25年
清水早葉子	インテリア・建築全般	二級建築士	香川県	20年
白川剛史	建設会社経営	二級建築士、宅建士	東京都	15年
新舛静香	インテリア・店舗デザイン	LS二級	石川県	20年
新村レイ	インテリア・フラワーデザイン		東京都	10年
末廣春美	インテリア小売業役員	二級建築士	兵庫県	18年
杉林弘仁	内装仕上業、大学院講師		大阪府	20年
関本絵里	ナチュラルフードスタイリスト	二級建築士	東京都	20年
瀬脇美奈子	インテリア・建築全般	二級建築士	神奈川県	15年
高原美由紀	コーチング、人材育成	一級建築士	東京都	20年

滝沢真美	カラーコンサルティング		東京都	20年
滝脇里佳	インテリア・建築全般	二級建築士	東京都	25年
立石絵里子	インテリア・建築全般	二級建築士	東京都	15年
立脇楊紀	住宅・店舗リフォーム、フラワーデザイン		大阪府	15年
田中眞由美	建築コンサル業、大学非常勤講師		大阪府	30年
玉井恵里子	デザイン会社経営	学芸員	京都府	25年
田村晶子	法律事務所所員	宅建士	神奈川県	10年
田村久美子	インテリアコーディネート	ＲＳ一級	神奈川県	15年
塚本英代	インテリア・整理収納講師	ＫＳ	茨城県	7年
ツジチハル	インテリアデザイン、インテリアコンサルタント	ＭＲマネジャー	東京都	7年
寺田由実	インテリアデザイン		東京都	20年
徳田智津子	インテリアデザイン		大阪府	15年
冨田恵子	インテリア・建築全般	二級建築士	埼玉県	20年
冨田陽子	インテリア・建築全般	二級建築士	東京都	15年
富森優美子	インテリアコーディネート	福祉住二級	宮崎県	10年
豊田康業	寺社仏閣彫刻		埼玉県	11年
中島明美	インテリアコーディネート	ＫＳ	沖縄県	25年
中西八枝佳	インテリア全般、アートコーディネーター	一級建築士	神奈川県	5年
長濱利佳	インテリア・建築全般	二級建築士	島根県	20年
中村友子	インテリアデザインコーディネート		東京都	30年
中山瑞穂	インテリア・建築全般	二級建築士	東京都	25年

※インテリアコーディネーター資格は全員所有　ＫＳ＝キッチンスペシャリスト
ＲＳ＝リフォームスタイリスト　ＬＳ＝リビングスタイリスト
ＭＲマネジャー＝マンションリフォームマネジャー

氏名	業態	関連資格※	在住地	交流歴
七海恵子	低層・中層の建築設計	一級建築士	京都府	30年
南部敦子	ポリテク講師	二級建築士	北海道	35年
西山純子	トータル空間プロデュース	二級建築士	京都府	20年
二宮浩子	インテリアコーディネート・専門学校講師	二級建築士、KS	岡山県	35年
能川りか	インテリア、広告業		大阪府	10年
萩中留美子	整理収納アドバイザー、講演活動		北海道	20年
箱嶌李風	風水設計デザイナー	二級建築士	福岡県	15年
長谷部あゆ	営業コンサルタント	二級建築士	大阪府	25年
畑　ゆかり	インテリア・建築設計	二級建築士	三重県	20年
濱中恵理	インテリア・リノベーション業務	宅建士	東京都	7年
林眞理子	インテリアコーディネート	二級建築士	神奈川県	25年
原田稔勇	インテリアショップ経営		三重県	15年
坂野民枝	インテリア・建築全般	二級建築士	愛知県	30年
平野佳月	風水コンサルタント	二級建築士	東京都	20年
廣瀬直樹	IC、二級建築士	住宅設計施工コーディネート	千葉県	30年
福川七奈美	インテリアコーディネート、専門学校講師	カラー一級	福岡県	30年
福田千恵子	インテリア・建築全般	二級建築士	神奈川県	20年
福元美紀	インテリア・建築全般	二級建築士	東京都	15年
淵本優子	和包み研究家		兵庫県	25年

私のＩＣ交流名簿

牧野美千代	インテリアコーディネート		愛知県	20年
松井理華	インテリア・商材販売	二級建築士	福岡県	25年
松浦千代美	インテリアコーディネート、サロン主催	照明コンサルタント	東京都	15年
松田智恵	ドイツミーレ機器販売	一級建築士	大阪府	20年
松本郁里	インテリアコーディネート	ＫＳ	神奈川県	10年
水口真理子	メディカルデザイナー	カラー一級	東京都	30年
三武美津枝	インテリア・建築一般	二級建築士	東京都	25年
三谷則子	インテリアコーディネート	二級建築士	東京都	30年
峯岸久美	住宅・店舗設計・リノベーション	二級建築士	東京都	15年
三宅利佳	個人邸中心のインテリアコーディネート	二級建築士、色彩一級	埼玉県	5年
宮崎美智代	医師	福祉住二級	兵庫県	10年
守屋ひとみ	インテリア・建築一般	二級建築士	東京都	15年
森山ひろ乃	インテリア・住宅リノベーション	一級建築士	東京都	5年
両澤眞季子	インテリア・住宅リノベーション	二級建築士	東京都	20年
柳生千恵	インテリアデザイン全般	ＫＳ	神奈川県	30年
山口恵美子	専門学校教員	カラー一級	東京都	15年
山田万里子	フラワーアレンジメント		東京都	15年
山本晶子	インテリア・商材販売	二級建築士	愛媛県	30年
吉岡陽史	インテリア・建築一般	一級建築士	東京都	25年
吉房睦美	検査、リノベーション	一級建築士	大阪府	30年
吉永邦子	メイクアップアドバイザー	カラー二級	東京都	15年

※インテリアコーディネーター資格は全員所有　ＫＳ＝キッチンスペシャリスト
ＲＳ＝リフォームスタイリスト　ＬＳ＝リビングスタイリスト
ＭＲマネジャー＝マンションリフォームマネジャー

最後に、私が長い間ご支援いただいた企業経営者の方々に感謝の意を捧げます。

㈱アキュラホーム　宮沢俊哉社長
アトムカンパニー㈱　吉村アトム社長
安心計画㈱　小山田隆広社長
㈱オータニ　大谷将治会長
オスモ&エーデル㈱　松下秀社長
㈱環境技術研究所　小林彌社長
㈱栗田出版社　来海泰保社長
㈱劇団ＢＤＰ・児童劇団「大きな夢」　青砥洋社長
㈱建築資料研究社／日建学院　馬場栄一社長
厚和㈱　水越勝也社長
㈱ショオ・オフィス　小笠原万正取締役
㈱田部井デザイン　田部井努社長

㈱藤原木材産業　藤原徹社長
㈱プレステージジャパン　吉田龍太郎社長
マスラー㈱　細木信重社長
学校法人　東京町田学園　町田・デザイン専門学校　井上博行理事長
マナトレーディング㈱　齋藤伸一会長
ミニメイド・サービス㈱　山田長司会長
（五十音順）

長年のご厚情ありがとうございました。これからもよろしくお願い申し上げます。

著者　三島俊介（みしま　しゅんすけ）

［略歴］
島根県松江市生まれ。
松江北高校を経て、立命館大学経営学部卒業。金融機関、マーケティング研究員を経て株式会社サンプラニングとして 1976 年に独立。 以後マーケティングを経営の主体とし、企業や中央官庁からの委託に住宅関連市場調査など受注。
1980 年からそれまで経営の主体であった出版事業、マーケティング事業の傍ら、新たに教育分野に進出。
1983 年に株式会社ハウジングエージェンシーに社名変更して、インテリア、住宅分野の資格受験と実務の学校 HIPS を運営。
2010 年から同社会長となる。
2016 年代表取締役に復帰。
2018 年 7 月代表取締役を退任。
株式会社かもす代表取締役として現在に至る。
mishima-s@sun.email.ne.jp

ライバルを作らない独創経営

2019 年 6 月 15 日　初版発行

著　者　三島俊介
発行人　大西強司
制　作　とりい書房第二編集部
カバーデザイン　ピッコロハウス
営業担当　大西邦高
発行元　とりい書房
〒 164-0013　東京都中野区弥生町 2–13–9
TEL 03-5351-5990
ホームページ　http://www.toriishobo.co.jp

印刷所　音羽印刷株式会社

ISBN978-4-86334-110-4　C0034
Printed in Japan